El Mentor en Mí: Qué hacer & Qué No Hacer

Diseño de la portada por Patti Knoles

Distribución del libro por The Formatting Formula

ISBN: 978-0-9983277-2-3

CONTENIDO

iv

Prólogo

21 de octubre 2016. Toronto, Canadá oficina Proctor Gallagher Institute

Poco después de despertar esta mañana recibí un texto de Pat Barry, un conocido locutor en los Estados Unidos, pude oír su voz como leí el mensaje. "Buenos días Bob. Hace cincuenta y cinco años la canción #1 fue *Hit the Road Jack de Ray Charles*, el mismo día en que Bob Dylan grabó su primer álbum, el costo total fue de 400 dólares y fue el día en que todo comenzó para usted. ¡Gracias a Dios que sucedió...Feliz Aniversario Bob y muchas gracias por toda su ayuda!"

El 21 de octubre de 1961, Ray Stanford puso el libro de Napoleón Hill-*Piense y Hágase Rico* en mis manos y toda mi vida empezó a cambiar. El mensaje de texto esta mañana fue un recordatorio de que mi exitoso viaje comenzó con un mentor y un libro. Por lo tanto, sentí muy apropiado iniciar el prólogo del libro de William... *El Mentor en Mí* en esta fecha.

Si Ray no me hubiera encaminado como lo hizo, no habría disfrutado de mi éxito ni hubiera podido ayudar a William como lo hice.

Las lecciones que ofreció William eran como una fórmula matemática que otro mentor compartió conmigo a mediados de 1960. Leland Val Van de Wall entró en mi vida en un momento crítico. Mi vida ya había cambiado dramáticamente después de leer Piense *y Hágase Rico* y estaba tratando de averiguar ¿por qué? ...qué había sucedido... Val dijo:

"Bob, cuando se produce un cambio en la vida de una persona, en realidad es un *cambio de conciencia*".

Explicó cómo siglos atrás el muy sabio Rey Solomon dijo "En todo lo que logres, obtén entendimiento".

Val explicó que lo que yo estaba buscando entender es que *hay un proceso que vivimos a medida que la vida pasa. El proceso tiene que ver con **Siete Niveles de Conciencia**. A medida que avanzamos de un nivel al siguiente, así mismo cambia nuestro mundo*. Val también habló de cómo comenzamos nuestras vidas en un estado animalístico, donde somos totalmente dependientes de otros. Podemos permanecer estancados en ese primer nivel o podemos progresar si trabajamos a través de todas las lecciones en los **Siete Niveles de Conciencia,** terminaremos convirtiéndonos en maestros de nosotros mismos *cuando alcancemos la maestría, descubriremos que también hemos desarrollado una relación significativa con Dios*. Val es el hombre al que doy crédito por compartirme estos siete niveles tan claramente. Él era una persona brillante y un amigo maravilloso. Él ciertamente era un individuo iluminado.

He invertido cincuenta y cinco años estudiando todos los días lo que Val Ray Stanford, Napoleón Hill y otros mentores compartieron conmigo y en las últimas dos décadas he estado compartiendo con William lo aprendido.

Cuando William inicialmente me preguntó si yo le haría Mentoría, le dije que pasaría tiempo con él y le sugeriría varias cosas que podría hacer. Si las hacía, eventualmente encontraría el mentor que vive dentro de él. Y ahora William ha decidido hacer lo que yo he hecho...compartir lo que él ha aprendido y usted es el beneficiario.

William ha presentado los **Siete Niveles de Conciencia** como un astrólogo maestro trazando los planetas. Él ha hecho un trabajo excepcional registrando las lecciones que aprendió durante años y cómo las aprendió. Usted encontrará a través de los niveles que se puede identificar con muchas de las lecciones. A medida que avanza de capítulo en capítulo, encontrará los diversos niveles de conciencia donde su vida puede haber sido un rompecabezas, la conciencia que desarrolle traerá claridad a su mente.

Si piensa seriamente, El Mentor en Mi hará por usted lo que mis mentores hicieron por mí. Usted también comenzará a cosechar los muchos beneficios personales y financieros que William ha disfrutado debido al crecimiento que ha experimentado. *El Mentor en Mí no es un libro que usted tome y lea. Es un libro con el que forma una relación y estudia diariamente por el resto de su vida.*

Bob Proctor

Reconocimientos

La semilla, que se gestó en este libro, fue sembrada en el Evento Matrix. Agosto de 2015 en Toronto, Canadá; un evento organizado por el Proctor Gallagher Institute. Bob Proctor y su socia de negocios, Sandy Gallagher me extendieron una invitación especial para asistir a esa semana que cambiaría mi vida. Es una razón más por la que siempre agradezco al máximo Mentor, Bob Proctor. Su guía y consejo durante las últimas dos décadas sólo se pueden describir como un salvavidas cada vez más poderoso, el cual he usado muchas veces para llegar a puerto seguro. La amistad y la paciencia de Bob han sido una antorcha de esperanza y tranquilidad de mi mente a través de los años y tengo la intención de pasar el resto de mi vida compartiéndola con aquellos que desean una vida mejor y mejores resultados, que elijan liberar sus propios poderes internos. Me siento honrado de promover los principios de Bob Proctor.

Gracias infinitas a mi amorosa esposa, Deborah, que ha participado y ha sido testigo de mi transformación, la Providencia estaba presente el día que nos conocimos..."Eres mi musa y un constante recordatorio de lo que es bueno y correcto."

Muchas gracias a mi socio de negocios de largo tiempo, buen amigo y mentor Marty Jeffery que complementó este libro como sólo un genio lo podría hacer. Su autoría del Epílogo es un final perfecto para esta primera entrega.

A mi familia, por su amor, apoyo y orientación que me llevó al primer entendimiento sobre el poder de la Mentoría.

Gracias, Patti Knoles, quien diseñó la carátula del libro, la talentosa editora canadiense Elizabeth Collins. A nuestro equipo del Website en Denver-Colorado HIVE Digital Strategy. ¡Ustedes son los mejores!
Gracias al compromiso y dedicación de Gloria Beatriz Rodríguez y Mariela Villanueva quienes estuvieron a cargo de la traducción del libro en español.

Y por último, quiero reconocer a ustedes los lectores, que su viaje a través de los Niveles de Conciencia les brinde mucha alegría, felicidad y éxito; por favor recuerde que el aspecto más importante de elevar su conciencia, es la repetición: *Espere. No lo deje ir. Sólo confíe en el proceso.*

William V. Todd

Introducción

La fuente de este libro

El Cambio es Inevitable

Esas tres palabras están bajo, dentro y alrededor de todo lo que mi mentor ha creído y enseñado durante más de cincuenta años. Bob Proctor es un hombre que ha trasmitido este mensaje de muchas maneras. Él es un profesor, un motivador, un orador y un autor. Él es un Maestro.

El héroe y mentor de Bob, Earl Nightingale, fue uno de los gigantes en el movimiento de auto-superación. Comenzando con las enseñanzas de Thomas Troward, Emerson y el genio de William James, estos mentores o guías hicieron del cambio inevitable algo que pudiéramos manejar, algo que nos pudiera catapultar en una realidad mucho más significativa y exitosa. Se mantuvieron con esa verdad hasta que se convirtió en su carácter, el trabajo de su vida como mentores. Estos gigantes provocaron un gran cambio en la forma en que pensamos, en la forma en que vemos el mundo, nosotros mismos y otros. Nosotros (tú y yo) somos los guardianes de las lecciones y los legados que estos mentores establecieron. Sus lecciones son la fuente de este libro.

"Si puedes cambiar de opinión puedes cambiar tu vida."
William James

Bob Proctor fue mi primer mentor, sin embargo, el Sr. Grimes, mi maestro de cuarto grado, me introdujo a la idea de tomar un concepto desde el diseño hasta la fabricación, el marketing y las ventas. Nuestro proyecto de clase era sobre un tipo de pelota de baloncesto llamada Nerf y la canasta. El señor Grimes inculcó en mí la importancia del trabajo en equipo, el servicio y el valor de terminar un proyecto. Mi padre también fue un gran mentor. Él me enseñó acerca de cómo manejar la adversidad y nunca darme por vencido.

Pero a pesar de tener grandes mentores en mi infancia, como adulto no podía mantener todo en orden. Cada vez que había un cambio en la economía, en la industria, en mis relaciones...todo lo que había trabajado tan duro para mejorar, se convertía en un fracaso... hasta que conocí a Bob Proctor.

Cuando Bob estuvo de acuerdo en ser mi mentor, él sabía que su trabajo principal era lograr sacar al mentor en mí. Sólo entonces tendría la oportunidad de lograr un éxito duradero. Él era como un hermano mayor y más inteligente, que me continuaba enseñando y cuidando a pesar de mi resistencia. Él me llevó y en ocasiones hasta me arrastró, a través de los **Siete Niveles de Conciencia,** desde mis instintos primarios, enojado o autorreactivo, hasta alcanzar mi dominio y tener el deseo de alcanzar la Maestría. Y eso es de lo que trata este libro. Es una oportunidad para que usted, lector, vea de primera mano, los graves problemas que tuve que pasar, antes de aprender que a lo largo de todo el camino había formas más fáciles de seguir y leyes predecibles, que estaban esperando para llevarme al nivel de la Maestría. Este es un nivel alcanzable para todos nosotros. Bob lo alcanzó estudiando y recibiendo Mentoría de sus maestros y usted también lo puede lograr.

"¿Qué refleja tu actitud ante el mundo hoy? Nunca
es demasiado tarde para cambiar tu historia, comienza por cambiar
tus pensamientos y tu actitud."

- Bob Proctor

No fue sino hasta que cambié mi actitud y me hice responsable que estuve dispuesto a trabajar a través de los **Siete Niveles de Conciencia**, que pude cambiar de la persona que creía que tenía todo bajo control (a pesar de que mi vida se estaba derrumbando a pedazos) a alguien que había logrado un éxito duradero y no sólo en los negocios, sino en todos los aspectos de mi vida. También aprendí cómo manejar la adversidad exitosamente. Volví a tener el alma optimista del niño de cuarto grado que no podía dormir debido a la emoción de trabajar en un proyecto importante.

Los principios que comparto en este libro son más poderosos que sus historias, de donde ha estado y lo que ha hecho hasta ahora. No importa cuántas veces ha fracasado, lo importante es que esté dispuesto a ser responsable de su crecimiento. Voy a compartir con usted el proceso de crecimiento hacia el éxito y le daré los siete pasos prácticos para hacer que su viaje sea mucho más fácil.

CAPÍTULO Uno

Animal

Primer Nivel de Conciencia -ANIMAL

Este primer nivel, en los Siete Niveles de Conciencia tiene que ver con la reacción. Los animales reaccionan cuando se enfrentan a una situación amenazante...es la lucha o el escape. Los humanos hacemos lo mismo. ¡Algo sucede y reaccionamos instintivamente! Un conductor nos cierra en el tráfico y lo maldecimos, no conseguimos el ascenso que estábamos esperando y salimos molestos de la oficina, recibimos nuestro estado de cuenta por correo y nos anestesiamos con la comida, el alcohol o la televisión, en lugar de pensar en maneras de salir de la deudas... ¿Qué hace una persona que tiene el control de su vida? Responde en lugar de reaccionar. Es el primer paso para lograr un éxito sostenible en todos los ámbitos de la vida.

10:00 pm, PST Portland International Airport, Portland, Oregon

Cuando tenía más de treinta años viaje mucho debido al trabajo. Durante un tramo particularmente ocupado, tomé tres vuelos de ida y vuelta desde Portland a París-Francia dentro de un período de noventa días. El vuelo se hizo aún más largo con una escala en Cincinnati. En los tres viajes de regreso la aerolínea perdió mi equipaje y era el último pasajero que estaba parado en el maletero a las 10 pm. Para hacer las cosas peores, todavía me faltaba un trayecto de tres horas para llegar a mi casa.

Ya nos conocíamos con el asistente de equipaje de la línea aérea y ahora nos tratábamos con confianza. Las dos primeras veces que mi equipaje se perdió, hicimos bromas pero la tercera vez mi paciencia ya había alcanzado su límite. Lo que era una molestia se convirtió en irá con justa razón y perdí el control. Producto del cansancio pero más por la inmadurez y un sentido de merecer, tuve una serie de emociones reactivas y de ataque hacia él.

El asistente de equipaje se quedó allí esperando a que yo terminara.

Nunca olvidaré su tranquila respuesta a mi reacción explosiva. Dijo, "William calma. No soy la persona que perdió su equipaje, soy el individuo que lo encontrará y lo entregará a la puerta de su casa, como lo hice las dos últimas veces".

Su respuesta me dejo pasmado. Oh, lo que yo hubiera dado por conocer los **Siete Niveles de Conciencia** en ese entonces, podría haber evitado a este caballero mi comportamiento Animal.

Bob Proctor-Coaching Comentario de puño y letra

William no había aprendido que cuando reaccionaba a una situación, había permitido que lo controlara. Cuando se responde (se piensa y actúa) usted toma el control.

Así que… ¿por qué todavía tenemos ese instinto animal?

En conclusión el propósito de la reacción es pelear, no reaccionar o alejarse. Esto nos lleva a una mayor comprensión de nuestro propio comportamiento. En primer lugar, es propio de nuestra naturaleza reaccionar bajo estrés, también se llama síndrome de estrés agudo. Es una de las razones por las que nuestros antepasados sobrevivieron y es como también sobreviven los animales.

Los animales tienen instintos primarios como el miedo, pero nosotros los seres humanos también tenemos deseos innatos y un sistema nervioso simpático como parte del diseño del fabricante. Por lo tanto, tenemos la capacidad para desarrollar emociones o comportamientos aprendidos que pueden activar esos sentimientos primarios de lucha o huida.

> *"Cuando usted REACCIONA, está entregando su poder.*
> *Cuando RESPONDE está manteniendo el control de sí mismo."*
>
> *-Bob Proctor*

William James, uno de los psicólogos más distinguidos de los Estados Unidos, dijo que el proceso mental es la percepción seguida por las expresiones corporales que se pierden por el sentimiento emocional.

Así que, si por ejemplo vemos un oso, temblamos y corremos. Algunas personas tiemblan y se paralizan. *La idea de que las emociones pueden causar una reacción física enfatiza la relación íntima entre nuestros cuerpos y nuestro estado mental. Pero aunque tenemos el control de nuestra mente, no siempre la usamos para controlar nuestros pensamientos, actitudes y acciones.*

Cuando yo era niño, era fácil encontrar maneras de mantenerme en un estado de ánimo juguetón y feliz, con un parque nacional en la puerta de atrás de mi casa ¡aprendí a explorar!

Siempre parecía oscurecer demasiado temprano. A medida que pasó el tiempo, dejé que las circunstancias infelices y la ira de mi familia, desarrollarán en mí un estado emocional de enojo, amargura, actitud reactiva de culpa hacia los demás, todo en mi vida de repente parecía oscuro. Como un adulto fingía sonreír y trataba de engañar a la gente para que pensaran que estaba en la cima del mundo. Pero por dentro, me estaba autodestruyendo ¿Serían mis amistades o mi crianza que hizo que mi actitud pasara de ser feliz a enojado? Era más que eso.

Maslow probablemente tenía razón...

La teoría de Maslow sostiene que los seres humanos están motivados por necesidades no satisfechas y que las necesidades inferiores tienen prioridad sobre las superiores. Estamos atrapados en la lluvia helada, buscamos refugio antes de comer un sándwich o pensar en cómo llegar a ser iluminado. Cuando la necesidad es satisfecha, ya no nos motiva y entonces la siguiente necesidad toma su lugar. Bajo condiciones de estrés o cuando sentimos que nuestra supervivencia está amenazada, regresamos o nos quedamos atrapados en un nivel de necesidad más bajo. Algunas personas viven toda su vida la sensación de que su supervivencia está en riesgo cuando su carrera se ve amenazada, necesitan la atención de sus amigos y seres queridos. Cuando tienen problemas de familia, sienten que lo único que siempre necesitaron fue amor. Cuando se enfrentan a la bancarrota, incluso cuando todo lo demás en su vida este bien, de momento no pueden pensar en nada más que el dinero. Por lo general, sin embargo, siguen enojados.

Ira (Animal) Mecanismo de Supervivencia

Todos hemos sentido la ira de alguien hacia nosotros de tal manera que causa daño a casi todas las personas que nos rodean. Mientras que la mayoría de nosotros entendemos que la ira, no es una emoción negativa, a menudo nos hace sentir incómodos. Pero la ira también puede ser una fuerza para el bien. La mayoría de los cambios suceden porque un individuo y luego los demás están tan molestos que deciden enfrentarlo para llevar a cabo el cambio.

Pero enfurecernos es una cuestión completamente diferente. Nos enfurecemos cuando nos aferramos a esos pensamientos de ira, reprimiéndolos hasta que estallamos, aniquilando a todo el mundo que nos rodea. Si, esta ira es un comportamiento aprendido por haber observado las figuras de autoridad en nuestra familia, entonces no sólo tenemos nuestra propia ira, tenemos la ira de nuestros antepasados que también se manifiesta.

Eso es lo que viví en mi crianza – ira que se pasó de generación en generación. Estaba enojado con gente que nunca había conocido y con situaciones que nunca había vivido. Tenía el sentimiento de que nosotros (mi familia de origen) y ellos (las otras personas) hacían que la justificación de esta ira fuese aún más fácil. Veía esa ira reflejada en mi madre y mi padre y estaba aterrorizado de haber heredado la misma maldición. No quería tener los mismos estallidos explosivos, pero de todos modos sucedieron.

Así que aquí está la pregunta:

¿Está reteniendo a la gente que ama como rehenes, culpándolos de su ira? ¿Tal vez han dejado de ser honestos con usted temiendo aun otra explosión? o han desarrollado sus propios resentimientos porque no se sienten lo suficientemente seguros como para expresarse. Pueden haberlo dejado totalmente sólo para alejarse de la constante sensación de peligro. Las personas a quienes más queremos a menudo se sienten tan golpeadas y victimizadas por nuestra ira que viven en constante tensión alrededor de nosotros. Parecen débiles y cobardes, pero están enojados al vivir esa situación. Desafortunadamente, la mayoría de la cólera que sienten no se sabe manejar y se torna en depresión.

Todo esto, por supuesto, preparará el escenario para que la próxima generación exprese su ira incontrolada con las personas con quien vivan o trabajen, será como caminar sobre cáscaras de huevo. Afortunadamente, se nos ha dado una solución: *ya no necesita tener miedo de la ira que se encuentra dentro de usted, puede usarla para el auto-descubrimiento y para ganar poder personal. Usted puede transmutar esa ira en algo maravilloso. ¿Las malas noticias?* Si no obtiene una ventaja sobre esta emoción, nunca podrá pasar al siguiente nivel de conciencia.

"En cada circunstancia, hay un espacio entre la situación y cómo responses a ella y en ese espacio puedes decidir... ¿Vas a reaccionar o vas a responder?"

-Bob Proctor

El Animal en mí no Soporta el Animal en Ti

Uno de los aspectos más interesantes del coaching, es la cantidad de pensamientos de rabia y el comportamiento animalístico que encontramos detrás de las apariencias de una relación. Es igualmente asombroso considerar que muchas de estas relaciones también están sufriendo al sentirse los únicos y derrotados, porque creen que nadie más podría posiblemente entenderlos. Durante las sesiones de coaching sobre problemas de relación, a menudo me preguntan: "¿Por qué sabría usted acerca de matrimonios con problemas en los que los niños están involucrados, si usted no tiene hijos?". Esta es una observación interesante, pero la verdad es que soy un experto en relaciones deterioradas que involucran a los niños. Después de todo, yo era un niño con padres que eran ignorantes, sobre lo que era necesario para una relación sana. Todavía revivo los escenarios de la infancia a través de la pantalla de mi mente. Creo que vi todo en esta pantalla, a medida que fui creciendo se creó un paradigma que llevó a mi propio matrimonio al fracaso. Aquí estaba mi conclusión e hipótesis: *Usted permanece junto a su pareja no importa lo infelices que sean.* Yo ignoraba lo que era un matrimonio feliz.

Ahora, por favor, no malinterprete la historia de mis padres. No lo dije por falta de respeto a las personas que me amaron y me dieron techo. Si busca la definición de la palabra ignorante, simplemente indica: falta de conocimiento o conciencia en general. Mis padres no eligieron los pensamientos correctos porque no sabían que había otra opción. No tenían conciencia de lo que estaban haciendo y sus pensamientos de enojo y actitud me llevaron a desarrollar algunas percepciones negativas muy poderosas. Por ejemplo: una razón primaria por la cual yo pensaba que una pareja debía permanecer unida estaba basada en la manera en que otros podrían reaccionar ante mi fracaso: "¿Qué dirían las personas?, ¿qué pensarían los vecinos, los miembros de la familia o la gente de la iglesia? Mantener la relación por amor o por el progreso, tratando de evitar lo que yo creía iba a ser una humillación y un dolor aún más grande. Y no era el único que pensaba así.

Cuando Bob comenzó a hacerme Mentoría, me demostró que normalmente hay beneficios ocultos detrás de la ira. El beneficio podría haber sido el que me impidió estar totalmente agobiado por las circunstancias de la vida. Podría haber sido que yo me protegiera de sentir el dolor y la tristeza que estaban escondidos en la rabia natural de mi familia. Pudo haber sido que sentí derecho a mi ira, pero ¿a qué precio?

Todavía me sorprende, cuántas personas usan la infidelidad, el alcohol, las drogas, los juegos de azar y una serie de otras actividades sin sentido para distraerse de la posibilidad de humillación y dolor. Es como golpearse en la cabeza con un martillo para quitarse el dolor. También he conocido a muchas personas que han ocultado su infelicidad hasta el punto de enfermar y en algunos casos terminan en enfermedades graves, ¿me entiende?

Las enfermedades, adicciones y las distracciones son causadas por falta de comunicación abierta y sincera, debido a la incapacidad de tomar una decisión. *Y la decisión es el inicio de la recuperación.*

Cada vez que hago Mentoría con alguien y llegamos a la parte de toma de decisiones, esa persona de manera inequívoca y unánime dice: "No puedo creer que esperé tanto tiempo para tomar esta decisión...Estoy muy feliz y agradecido ahora que..." a lo cual yo respondo: "Bueno, la capacidad estuvo siempre dentro de ti. *Sólo necesitabas entender que tus paradigmas arraigados tenían el control sobre toda tu codificación genética forzándote a la negación.* Creer que las cosas que pasaron en tu programación generacional te podrían haber forzado a una mentalidad de pelear o huir, pero ahora tienes la opción de parar y pensar" o como un hombre muy sabio una vez dijo hace muchos años:

"El problema con la gente de hoy es que Simplemente no piensan. "

-Dr. Albert Schweitzer, Receptor del Premio Nobel de la Paz 1952

CAMBIE SUS PENSAMIENTOS
¿Recuerda el dicho, Mente sobre Materia?

La "Mente sobre Materia" significa simplemente que tenemos el poder de crear mentalmente, el poder de superar la adversidad utilizando la mente, tomando acción en lugar de reaccionar. Los pensamientos son sólo cosas que creamos con nuestra mente. Todos los días de nuestras vidas creamos pensamientos. Pero...como trenes que se mueven a través de la estación, no tenemos que montarnos en cada tren que pasa. *La mente sobre materia significa que podemos centrarnos en el pensamiento que nos llevará a dónde queremos ir.*

El diccionario Merriam-Webster define el pensamiento como la acción de usar nuestra mente para producir ideas y tomar decisiones. Pero la mayoría de nosotros permitimos que las circunstancias y el mundo exterior nos digan qué pensar; reaccionamos a los factores sensoriales, que son como una carretera de seis carriles durante la hora pico. Hay literalmente millones de piezas de información sin ninguna relación e inútiles, que fluyen en nuestra conciencia a través de nuestros sentidos durante nuestras horas de vigilia. Entonces no es extraño que muchas personas tengan reacción 'Animal'. Sin embargo, no tenemos que seguir siendo víctimas y definitivamente no tenemos que tener reacción "¡Animal!"

No somos animales porque no es cómo se diseñaron los humanos. Tenemos la capacidad de aceptar o rechazar cualquier cosa que venga a nosotros por medio de nuestros sentidos. *Y a diferencia de los animales, podemos usar el poder espiritual que siempre fluye a través de nosotros para acceder a ideas que cambian la situación. Hemos sido dotados de facultades mentales superiores.*

INTUICIÓN
      PERCEPCIÓN
            DESEO
                  MEMORIA
                        RAZÓN
                              IMAGINACIÓN

A ninguna otra forma de vida se le han dado todas estas facultades creativas. *Cuando empezamos a desarrollarlas y usarlas efectivamente, podemos controlar nuestras respuestas al mundo exterior y dejar de permitir que el mundo exterior nos controle.*

Entre mayor es el uso de nuestras facultades creativas, ascendemos en la Escala de Conciencia y desarrollamos la capacidad para responder en lugar de reaccionar.

CAMBIE SU ACTITUD
Pero William... es su Actitud

Una de las palabras más utilizadas y mal entendidas en el idioma inglés es la actitud. Los gerentes dicen a su equipo de ventas que su actitud controla sus ventas. Los consejeros dicen a las parejas que necesitan cambiar su actitud si quieren que su relación mejore. Los médicos les dicen a los pacientes que han hecho todo lo que pueden y le toca al paciente desarrollar una actitud positiva y curativa. Los padres dicen a los adolescentes que tengan una nueva actitud. Usted pensaría que una cosa que tiene tanto poder debería ser un tema de estudio en la escuela. No lo es y si usted pregunta a las diez personas a su alrededor qué significa actitud, usted conseguirá probablemente diez diversas respuestas.

Y una vez que tenga una comprensión clara de qué es la actitud y cómo se forman las actitudes, se da cuenta de que sólo un pequeño porcentaje de la población está en control de su actitud. En verdad, gran parte de su actitud está siendo controlada por los medios de comunicación, otras personas y las condiciones y circunstancias de su vida. No soy filosófico; es un problema muy real que dada su actitud tiene un gran efecto en la calidad de su vida. Así que, hablemos de qué es la actitud y cómo puede utilizar esta información para aumentar su conciencia y cambiar cada aspecto de su vida.

"El mayor descubrimiento de todos los tiempos es que una persona puede cambiar su futuro simplemente cambiando su actitud".
- Oprah Winfrey

La actitud es un ciclo creativo que comienza con nuestra elección de pensamientos. A medida que internalizamos ideas o nos involucramos emocionalmente con nuestros pensamientos, creamos la segunda etapa en la formación de una actitud; movemos todo nuestro ser - mente y cuerpo - en una nueva vibración. Nuestra conciencia de esta vibración se conoce como sentimientos. La mente controla los sentimientos y en última instancia, dicta si nuestros sentimientos serán positivos o negativos por nuestra elección de pensamientos. Esos pensamientos entonces crean nuestras acciones y nuestro comportamiento. Por lo tanto, la actitud es la suma de nuestros pensamientos, sentimientos y acciones. La actitud y los resultados son inseparables. Se siguen el uno al otro como la noche sigue el día. Hay un término usado para describir esta relación - es la **Ley de Causa y Efecto.**

Como puede ver, su actitud está determinada por la naturaleza de las ideas en las que se permite involucrar emocionalmente. La expresión física es automática. No importa si la elección es consciente o inconsciente, es lo que es. Usted puede decir: "No lo sabía", pero lamentablemente pierde. En la vida, no hay espacio para la ignorancia. De tal manera que:

Buenos pensamientos = *buenos sentimientos > que conducen a buenas acciones > que conducen a buenos resultados.*

Malos pensamientos = *malos sentimientos > que conducen a malas acciones > que conducen a malos resultados.*

En pocas palabras: si piensa en términos negativos, obtendrá resultados negativos; si piensa en términos positivos, obtendrá resultados positivos. Sí. Es así de simple.

Cuando Bob me mentoreó por primera vez, dijo que la actitud está directamente relacionada con el *Primer Nivel de Conciencia Animalista.* Los animales pueden hacer sólo tres cosas debido a su nivel de conciencia. Pueden luchar, huir o se congelan (se hacen los muertos).

Si no lo hubiera sabido, éstas hubieran sido mis únicas opciones. Lo más triste de saber acerca de los **Siete Niveles de Conciencia** es darse cuenta del número de individuos que están atrapados en ese primer nivel. No entienden por qué están enojados o deprimidos todo el tiempo, sólo saben que lo están. Mientras tanto su ignorancia y actitud negativa mantiene el ciclo de la culpa / de la cólera / del fracaso siguen en movimiento y estancados.

> *"La actitud es la combinación de sus pensamientos,*
> *sentimientos y acciones."*
> *-Bob Proctor*

CAMBIE SU COMPORTAMIENTO
Cambie su Comportamiento, Cambie su Vida.

En cualquier momento, usted podría estar enfrentando muchos desafíos, la mayoría de los cuales usted no tiene absolutamente ningún control. Sin embargo, la única cosa sobre la que usted tiene el cien por ciento de control es su actitud. Cuando deja el control de su actitud a lo que parece ser una situación negativa y reacciona a esa situación. La mayoría de las veces, reaccionar es inapropiado.

Como he mencionado, fue una historia genética y el ambiente en que vivía que me mantuvo estancado en un patrón reactivo de pensamientos negativos y opciones pobres. A medida que interioricé ideas y me involucré emocionalmente con mis pensamientos negativos, estaba creando la segunda etapa en la formación de una actitud. Había creado sentimientos negativos que moverían todo mi ser, mente y cuerpo en una vibración con resultados pésimos.

Los resultados pésimos siguieron apareciendo en mi vida hasta que conocí a Bob. Su opinión fue que yo había llegado a una encrucijada y que necesitaba tomar una decisión.

Por fin vi que mi vida entera y mis resultados no eran culpa de otra persona; mis pensamientos habían conducido a mis acciones y mi comportamiento habitual se había convertido en mi carácter. Tuve que mirar de cerca mi vida. Como sugirió Bob; tenía que evaluar los resultados que estaba creando en todas las áreas, no sólo en los negocios. Eso es lo que le estoy pidiendo que haga ahora mismo. ¡No hay un mejor momento! Escríbalo todo: los momentos en que usted ha culpado a otros, las veces en que eligió pensamientos negativos seguidos de acciones negativas. Es difícil discutir con los hechos cuando tiene todo escrito.

Nunca olvidaré a Bob haciendo la siguiente declaración en un punto de transición en mi vida. Él dijo:

*"Necesitas tomar la decisión, que aquí y ahora mismo,
elegirás una gran actitud".*

Cuando usted llega a la conclusión que *la actitud es un ciclo creativo que comienza con su elección de pensamientos que afecta su comportamiento y en última instancia su vida,* usted entra en el proceso llamado *La Ley de Atracción*; además alcanza el nivel máximo en la comprensión del **Primer Nivel de Conciencia** y en cambiar su vida.

Comentario Escrito a Mano. Coaching Bob Proctor

William, estaba permitiendo que su condición genética, controlara su actitud, sus pensamientos...sentimientos...acciones, causaron esos resultados.

MENSAJE DE MENTOR

Hasta hoy, es todavía difícil para mí asumir la responsabilidad de mi ira. En gran parte, he aprendido a usar la ira para atraer el bien en lugar de destruir, pero cada vez que digo que alguien o algo controla mis viejos paradigmas de ira, debo detenerme, pensar y decidir asumir la responsabilidad. Yo me pregunto: ¿Cómo y dónde permití que se cruzaran mis límites? ¿Conozco mis límites? ¿Estaba invitando a las personas a cometer errores y luego criticarlos? ¿Sabían ellos cuáles eran mis expectativas o estaba esperando que leyeran mi mente? Cuando empecé a asumir la responsabilidad de mi ira, me horroricé al descubrir cuánto daño había hecho a la gente que me rodeaba. También tenía que mirar qué beneficio recibía mi familia de origen al conservar aún toda su ira. Y después de un tiempo, ahí estaba - mi familia había sido perjudicada en el pasado. La ira les había dado la fuerza para sobrevivir. El beneficio era claro, la ira les daba la resistencia y creían que estaban siendo justos y equitativos. Funcionó para ellos. Es decir, funcionó hasta que se transformaron en víctimas de la rabia. Y hasta que enfrenté su ira tanto como la mía, no podía recuperar mi poder.

Si usted está sufriendo de ira sin resolver, podría ser un comportamiento aprendido generacional. Tal vez tuvo un padre enojado y aprendió que el enojo era la única manera de resolver los problemas o quizás no pudo expresar sus preocupaciones por miedo a enfadarlos aún más. Pero ¿en qué momento su problema se convirtió en su ira? Usted no es víctima de su disposición genética o su pasado. Asumir la responsabilidad por el enojo, mirando cómo podría haber sido parte del problema, recordando a sí mismo que usted es responsable de su ira (y sus expresiones de ella) pone el poder directamente en sus manos.

QUÉ HACER / QUÉ NO HACER

1. *¿Cuál es su actitud ahora?*

    Recuerde que el primer paso para asumir la responsabilidad de trascender el **Primer Nivel de Conciencia** es reconocer las actitudes negativas que usted está teniendo. Sino está seguro, elija una o varias palabras de la siguiente lista:

Enojado	Traicionado	Crítico	Injusto	Apático
Deprimido	Escéptico	Indiferente	Celoso	Resentido

    _____

    _____

    Entonces aquí mismo, ahora mismo, decida que elegirá una gran actitud.

2. *¿Quién controla su actitud?*

    Antes de responder instintivamente y decir: "Yo controlo mi actitud" piense en los momentos en que ha permitido (y sigue permitiendo) a otros que controlen su actitud.

    _____

    _____

3. *¿Reacciona en lugar de responder a las situaciones?*

    Piense en una situación reciente en la que reaccionó en lugar de responder como lo sabe ahora. ¿Cómo va a reaccionar la próxima vez?

    _____

    _____

PALABRAS DE SABIDURIA

- *Piense antes de hablar.*
- *Culpar es una excusa*
- *Asuma la responsabilidad de sus pensamientos*
- *Haga cosas que le ayudarán a mejorar su actitud, como ir al gimnasio, respirar, leer libros inspiradores, limpiar el desorden de su casa u oficina, etc.*
- *Si alguien está teniendo un mal día, aléjese un poco para dar espacio. Pero si lo que usted tiene son amigos con actitudes crónicas negativas...consiga nuevos amigos.*
- *Si usted está teniendo un mal día, tómese un descanso.*
- *Con quien usted comparte en última instancia...reflejará su actitud.*
- *Busque el apoyo de un Mentor o un amigo para que lo ayude a mantenerse en el camino.*
- *Mire lo bueno. Aprenda a sonreír en cada situación.*

"La responsabilidad es una elección, a menudo se refieren a ella como la clave de la libertad. Su futuro puede ser todo lo que alguna vez ha soñado y mucho más. Usted tiene el talento y las herramientas para experimentar un hermoso día tras otro. Esto es de hecho lo que imagino que el Arquitecto del universo tenía en mente cuando fuimos creados...si eso no fuera así, no habríamos sido dotados de poderes tan impresionantes."

-Bob Proctor

CAPÍTULO Dos

Masas

Segundo Nivel de Conciencia-MASAS

La población de las masas vive por un reloj, dirigido por agendas controladas por otras personas. Piénsalo. Las masas históricamente han ido en la dirección equivocada. ¿Por qué? Es porque hemos sido programados para esto. Nos enseñaron nuestros padres que fueron enseñados por sus padres. Fuimos enseñados por maestros que fueron enseñados por sus maestros.

9:00 a.m. PST Garaje de mi casa en Bend, Oregón

A principios del año 2000, acababa de cumplir cuarenta y un años. Había estado hablando con Bob sobre una posibilidad de divorcio... que había estado postergando durante años. Fue una de las decisiones más difíciles que jamás hubiera tomado. Estaba tan preocupado por el impacto que mi divorcio tendría sobre otras personas...que me había cegado a la verdad. Finalmente me admití a mí mismo y a Bob, el desgaste que estaba teniendo mi mente y cuerpo por permanecer en un estado ambivalente. Luego Bob me lo dejo muy claro: no sólo mi ambivalencia estaba creando malestar en mi propio cuerpo, sino que estaba teniendo un impacto negativo en el mundo a mí alrededor, incluyendo a mi esposa. Aun en ese entonces, no tenía claro cómo podría salir de la prisión mental que había creado.

Cuando le pregunté a Bob cual era el primer paso a seguir, dado que mi esposa y yo teníamos un montón de inversiones y bienes materiales, nunca olvidaré su simple, pero aplastante consejo. —"Entréguele todo". Después de recoger mi mandíbula inferior del piso, le dije que no tenía idea de mi patrimonio neto. Él respondió: "No me importa lo que tengas, sólo lo que puedes crear al avanzar".

Inmediatamente se hizo evidente lo ignorante e inconsciente que yo era. Al no tomar una decisión, y quedar atascado en los detalles, sin avanzar, había creado una gran infelicidad y estrés en mi vida. Desde ese acontecimiento importante, muchas personas, incluyendo a mi ex esposa, me han comentado que pensaron que yo estaba al borde de una devastación y un caos emocional.

Comentario Escrito a Mano. Coaching Bob Proctor

William estaba aprendiendo que solo se puede medir lo que se va soltando, nunca se puede medir lo que se va a ganar. Le esperaba una sorpresa muy agradable...

"Una vez que tome la decisión, encontrará a todas las personas, Recursos e ideas que necesite - siempre".

-Bob Proctor

¡Seguir la multitud, es lo que identifica el Nivel de Conciencia de las Masas!

En el momento de mi separación, no tenía ni idea de los niveles de conciencia, sólo sabía que estaba atascado. *Pero la forma en que yo estaba reaccionando y respondiendo a mis circunstancias y cómo me seguía conformando a los demás, con lo que estaba sucediendo; fue un indicador de que estaba atascado en el Nivel de Masas.*

Estar atascado en el **Segundo Nivel de Conciencia** (Masas) era totalmente agotador. Significaba que debía convertir a un sin número de seres (las masas) a mi forma de pensar y en última instancia, mi forma de sentir. No necesariamente significa que sea manipulación por razones egoístas. Por lo general, sólo traté de hacer que la gente hiciera lo que yo pensaba que sería bueno para todos. Si lo hacían a mi manera, todo sería maravilloso. Lamentablemente, aquellos que también estaban atascados en el nivel de la Masas, pensaban lo mismo causando conflictos interminables.

A mediados de los 80, tuve un trabajo como asistente de gerente de proyectos para una empresa de construcción con sede en San Diego, California. Yo era responsable de un gran territorio y conducía más de doscientas millas al día, supervisando obras de trabajo.

Mi territorio era de Valencia a Long Beach de Malibú a Palm Springs. Incluso entonces las autopistas de Los Ángeles estaban muy transitadas a menos que estuviera entre las 10 am y las 2 pm. Era agotador estar sentado por largos tramos en los cuellos de botella de tráfico y poder llegar a las obras de trabajo a tiempo. Así que la compañía me colocó en una sub-sucursal cerca del desierto de Mojave, donde había un auge de la vivienda y la vida fue una vez más como Frank Sinatra cantó "A mi manera". Eventualmente me dieron el puesto de gerente. Ahora responsable de una flota de camiones, un enorme almacén, millones de dólares de inventario, sitios de construcción y decenas de empleados. Por mucho que me gustaba mi trabajo, a menudo me encontraba en el centro de un grupo de individuos que continuamente me involucraban en sus sesiones de ideas negativas.

Dos años después, recibí una notificación de una evaluación anual. El dueño de la compañía en su Ferrari azul se detuvo diciendo: "William, venga a la oficina del gerente regional. Al estar allá, tomé asiento y luego preguntó: ¿Por qué cree que tiene un problema aquí como gerente de proyecto? ¡Imagine mi sorpresa! "¿Qué? Somos la sede más exitosa en el estado." Y su respuesta fue, "¿quién dice? Ciertamente no lo dicen los estados de pérdidas y ganancias que estoy recibiendo. Y su evaluación indica que su actitud es una de las peores en la compañía". Me sorprendió más allá de lo que yo esperaba. Volví inmediatamente a un estado de ánimo *Animal*. Pero mi necesidad de lucir bien permitió que no perdiera el control; yo manejaba perfectamente mi sede y no podía entender lo que estaba hablando, así que le dije: "No entiendo, quiero decir, mis resultados son impecables: mis obras de trabajo están a tiempo y con bajo presupuesto, siento que todo es genial". Él dijo: "Su conducta es conflictiva y está perdiendo dinero en casi todos sus obras... y por eso está despedido."

Yo estaba lo suficientemente enojado como para desafiarlo, pero en su lugar ¡tomé una decisión en ese momento... nunca tendría un trabajo de nuevo! Hice de esa situación totalmente adversa un catalizador para comenzar mi viaje como empresario.

Haga elecciones basadas en el amor y no en el miedo y la ira.

La información que ellos me habían expresado era inexacta (¡descubrí más tarde que el contador estaba alterando los números en los libros y que mi sede había sido rentable todo el tiempo!). *Pero ¿por qué tuve que haber sido llevado a ese lugar antes de decidir convertirme en un empresario? Era porque todavía estaba en el **Nivel de Conciencia de Masas**. Estaba profundamente afectado por la negatividad que me rodeaba.* Seguía ciegamente los tiempos programados y los horarios, nunca pedí ver los informes que fueron enviados a la oficina central porque estaba atrapado en la negatividad. *En lugar de seguir mi guía interior, simplemente reaccioné a las opiniones y circunstancias externas.*

¿POR QUÉ SEGUIMOS LA MUCHEDUMBRE EN PRIMER LUGAR?

Una razón por la cual la buena toma de decisiones está ausente en la vida de muchas personas es que no se enseña en nuestro sistema educativo. Para agravar la situación, no sólo la toma de decisiones no está incluida en el plan de estudios de nuestras instituciones educativas, sino que también carece de la mayoría de los programas de formación corporativa y recursos humanos.

Mi padre tenía veinticinco años de carrera en el área corporativa. Era un gerente de departamento que realmente se preocupaba por su compañía. Un día decidió buscar en los libros de su departamento, lo que le llevó a cuestionar los registros. Su jefe parecía estar alterando la información de los libros. Uno pensaría que él fue recompensado por estar preocupado más allá de sus funciones, pero no fue así...lo despidieron de inmediato.

Verá, la mayoría de las instituciones no quieren que las personas hagan preguntas o tomen decisiones intuitivas. Es por eso que le dicen cuándo llegar, qué ropa usar, cuánto ganará, dónde ubicarse o sentarse, a qué hora ir a comer y cuándo irá de vacaciones. También dicen con qué frecuencia va a venir los fines de semana o llevar trabajo a casa con usted. En Japón, se conoce como algo llamado Karoshi (muerte por estrés). En compañías de todo el mundo, ese mismo estrés resulta en depresión, enfermedad e insatisfacción. Las empresas funcionan, e incluso ganan, pero a qué costo para su gente... Las personas sufren simplemente porque tienen miedo de tomar una decisión que podría cambiar la trayectoria de su vida.

"El miedo a la toma de decisiones es el resultado del temor a cometer un error - la verdad es que el miedo a cometer errores tiene un mayor impacto en usted que cometer el error."

-Bob Proctor

Por lo tanto, usted se puede estar preguntando: *"¿Cómo puedo desarrollar la capacidad mental para tomar decisiones y perder el miedo de cometer un error?"*

Siga su Guía Interior

El Dr. Abraham Maslow, quien dedicó toda su vida al estudio de las personas auto-realizadas, declaró que para llegar a ese estado, debemos seguir a nuestra guía interior y no ser influenciados por las opiniones de los demás o por circunstancias externas. Su investigación demostró que los tomadores de decisiones auto-realizados tienen una serie de cosas en común. Hicieron un trabajo que sentían que valía la pena y que era importante, encontraban placer y tenían poca distinción entre el trabajar y el jugar. *Maslow también dijo que, no sólo hacen el trabajo que consideran importante y agradable, sino que lo hacen bien.*

Si observa cómo la mayoría de los individuos exitosos y auto realizados pasan las primeras dos horas de su día, notará que tienen hábitos específicos. Han encontrado que son importantes para el éxito y la felicidad y los siguen realizando por el resto de su vida.

Hace poco le pregunté a Bob cómo pasaba las primeras horas de un día típico. Aquí está lo que él dijo:

5:00 - 5:10 AM

- Se levanta camina desde su casa, en pijama, a lo largo de un sendero por la piscina, al patio trasero donde se encuentra su estudio.*
- Abre su libro favorito *Piense y Hágase Rico* y lee una sección diez veces.
- Revisa su horario para el día.
- Regresa a la casa, toma una ducha, se viste (Bob siempre está impecablemente vestido) y luego disfruta el desayuno con su esposa, Linda.
- Vuelve al estudio para empezar a trabajar. Se mantiene ocupado, no pierde tiempo. Dijo que le encanta lo que hace y que no lo siente como un trabajo; es su pasión compartir su conocimiento.

El Resultado Final: Bob está en el trabajo a tiempo incluso antes del tiempo en que la mayoría de la gente empieza a trabajar. Pero son esas primeras horas del día que son diferentes a la mayoría de la gente (las masas).

Nota: Cuando Bob era más joven en sus años 70... él iba al gimnasio antes del desayuno.

La repetición traerá orden a su mente, lo que ayudará a su toma de decisiones y a su vez comenzará a mejorar los resultados en cada área de su vida. La lectura de lecciones inspiradoras comenzará a cambiar sus pensamientos, lo que cambiará la vibración de lo que atraen y en última instancia, cambiará su vida.

Es por eso que las personas que deciden abandonar la mentalidad de las Masas deben aprender a confiar en la Ley de Atracción. La segunda cosa que deben hacer es comenzar a tomar decisiones.

"Tienes que decidir lo que vas a hacer con tu vida o dejar que los paradigmas te controlen y marchar a lo largo de lo que hace el común de la gente".

-Bob Proctor

Tomar Decisiones trae Orden a su Vida

El primer y más importante componente de la toma de decisiones es la velocidad. Para tomar decisiones de manera exitosa debe hacerse rápidamente. Lo que impulsa el éxito de cualquier negocio es la calidad de la decisión y el momento de su implementación... las buenas decisiones llevan a buenos resultados. La indecisión es una opción en sí misma y la elección de no tomar ninguna acción.

La capacidad de tomar las decisiones correctas en un momento oportuno es lo que lo define como un empresario. NO es una habilidad con la que se nace: es una habilidad que se aprende a medida que mejoran los hábitos.

Para los nuevos emprendedores, recomendamos que busquen la ayuda de un mentor en quien confíen; no tengan miedo de pedir consejo de sus compañeros y asesores superiores. Recuerde, esto es algo que usted finalmente va a compensar más adelante. *Cuando tenga éxito, se le pedirá que sea mentor y guíe a alguien de la misma manera que usted le pidió a alguien que le hiciera Mentoría y lo guiara. Tener un buen mentor/guía es esencial para evitar las trampas inherentes en los negocios y en la vida.* Usted puede eliminar realmente el conflicto y la confusión en cada área de su vida haciéndose competente en la toma de decisiones y teniendo una caja de resonancia fuerte (su mentor).

"La indecisión causa la derrota"

-Bob Proctor

¿Cuántas veces ha escuchado a una persona decir?, "No sé qué hacer" o ¿Qué debo hacer? Piense en algunos de los sentimientos indecisos que usted y prácticamente todos en este planeta, experimentan de vez en cuando. *Ahora*...es el único momento para hacer una mirada seria a su indecisión ¿Hay algo en su vida que usted ha estado posponiendo? ¿Qué tal la resolución de Año Nuevo que usted hizo? Tal vez sigue diciendo que va a empezar de una vez por todas con su última idea de negocio tan pronto como tenga más tiempo, o quizás sea más básico: dejar de limpiar la casa o lavar el coche. Incluso *si está posponiendo algo que parece una cosa de menor importancia, no se engañe a sí mismo, el tamaño no es el problema de lo que posterga es que usted está dando energía a un mal hábito que crecerá y finalmente detendrá su éxito.*

Una indecisión aparentemente pequeña crece y luego se transforma en todas las formas de evasión creativa, que lo perseguirán el resto de su vida.

¿Por qué vacilamos?
Las decisiones pueden resultar ser más difíciles de tomar cuando se trata de una elección entre lo que usted piensa que **debe** ser y en lo que realmente **quiere** ser porque es la pregunta equivocada. La verdadera pregunta es: *"¿Está listo para comprometerse al 100% para lograr el objetivo? Si la respuesta es sí, entonces lo único que queda es ¡actuar!"*

Las decisiones pueden ser Mágicas

William Murray, escalador de montaña del Himalaya escocés, lo dijo mejor que nadie. *"Hasta que no se compromete, hay dudas y la posibilidad de retroceder siempre es ineficaz. En cuanto a todos los actos de iniciativa y creación, hay una verdad elemental, cuya ignorancia mata innumerables ideas y espléndidos planes: **el momento en que uno definitivamente se compromete, entonces la Providencia se mueve también.** Ocurren todo tipo de cosas que de otra manera nunca habrían ocurrido. Empiezan a suceder una serie de eventos debido a la decisión, trayendo a nuestro favor soluciones a cualquier incidente e imprevisto, llegan nuevas personas y asistencia material, que ningún hombre o mujer podría haber soñado. Así que lo que haga o sueñe que puede hacer, comiéncelo; la audacia tiene una magia de genio y poder.*

La mayoría de las personas que aconsejo no quieren comprometerse a tomar una decisión difícil, incluso sabiendo que casi seguramente tendrán consecuencias negativas debido a su indecisión. Sin embargo, las decisiones (o la falta de ellas) son responsables de hacer o acabar con la carrera de una persona; también pueden afectar las relaciones y la salud.

Una de las razones de la indecisión es que a menudo la buena toma de decisiones va en contra de la mentalidad de Masas y la mayoría de las personas, empresas etc., quieren quedarse ahí, dejarla es por definición una idea impopular. La mayoría de gente (las **Masas**) pensará que usted ha perdido la mente...nosotros solo esperamos que usted pierda la mentalidad de *Masas. Mientras que toma acción, puede encontrar que otros empiezan a ver su cambio, incluso antes de que usted mismo lo vea. Al leer estas palabras, tome un inventario mental de todas las relaciones* *a su alrededor que implican la manipulación mental, las relaciones que lo están manteniendo atascado en la mentalidad de Masas.* Durante más de medio siglo, mi mentor ha estado creando su propio camino simplemente con su nivel de compromiso.

Durante las dos últimas décadas, lo he visto, una y otra vez, hacer algo increíble de lo que no parecía ser nada. Como observar a un individuo cruzando un puente que sólo aparece cuando da el primer paso. El primer paso se llama compromiso.

Salte y la malla aparecerá.
-John Burroughs

Una de las primeras preguntas que Bob hace a alguien que está entrenando es: "¿Cuál es la mayor cantidad de dinero que ha ganado en un año y en qué año fue?". Cuando le cuestioné por qué el siempre hacia esa pregunta, él contestó, "su respuesta es una indicación de su capacidad de tomar decisiones, su nivel de conciencia y sus resultados actuales. Es una imagen de lo que creen que son capaces de ganar y de lo conscientes que están en ese momento.

"La pregunta de Bob es una pregunta importante debido a una ley muy básica del universo, crear o desintegrar". La indecisión causa desintegración.

La verdad sea dicha; la salud de nuestra mente y cuerpo, el bienestar de nuestra familia, nuestra vida social y el tipo de relaciones que desarrollamos, todos dependen de nuestra capacidad de tomar decisiones sólidas y luego nuestro compromiso con esas decisiones.

*Tomar una decisión es un paso vital si desea entrar en el siguiente nivel de Conciencia, que se llama **Aspiración***

MENSAJE DEL MENTOR

En este capítulo sobre el **Segundo Nivel de Conciencia**, discutimos la importancia de *tomar una decisión*. Es la única manera de alejarse de la Conciencia de Masas al siguiente Nivel de Conciencia. La mayoría de las personas no piensan en las decisiones o se quedan atascadas en la *parálisis del análisis*.

La *parálisis del análisis* es el estado de sobre-analizar o sobre-pensar una situación hasta que una decisión nunca se toma, en efecto... ¡paralizando el resultado! *Una característica de la buena toma de decisiones es que los objetivos se establecen, luego se clasifican y se colocan en orden de importancia. Hay pasos que se siguen generalmente, que dan lugar a un - modelo de decisión que se puede utilizar para determinar un Plan de Acción Optimo.* El movimiento, por pequeño que sea, en cualquier dirección, genera cambio y siempre es mucho mejor a no hacer ningún intento. Empezara a descubrir lo que funciona o no, lo que no le gusta y puede usar esa información para moverse en una dirección diferente.

*"Una vez que tomas una DECISIÓN,
el universo conspira para que esto suceda".*

-Ralph Waldo Emerson

MODELO DE DECISIÓN

Yo_____me siento tan feliz y
agradecido(a) ahora que he tomado la decisión de actuar de manera
decisiva en mi futuro.

Mi decisión es _____
así es que ahora me enfoco en esta decisión con entusiasmo.

Firma_____ Fecha _____

La lista de cosas que debo decidir y actuar para cumplir con mi visión
son:

1. _____
2. _____
3. _____
4. _____
5. _____
6. _____
7. _____
8. _____

QUÉ HACER/QUE NO HACER

1. *¿Qué es lo que más le preocupa?* (Sea específico).

_____

_____

- *¿Dedica la mayor parte de sus pensamientos preocupándose por la economía o pensando en lo que alguien piensa de usted?*

_____

_____

- *Puesto que sus pensamientos controlan en última instancia cada decisión que tome, ¿cuál sería un pensamiento que podría cambiar ahora?*

_____

_____

2. *¿Sigue a la multitud en lugar de tener sus propias creencias o fijar sus propias metas? Sea honesto.*

_____

_____

_____

3. *Puede usted tomar una decisión ahora. ¿Independientemente de lo que suceda hoy, va a buscar el aspecto positivo de lo que está sucediendo a su alrededor? Si la respuesta es sí, vuelva al Modelo de Decisión y de nuevo repáselo. Si la respuesta es no, ¿por qué cree que es así?*

_____

_____

_____

PALABRAS DE SABIDURÍA

- *Todo el progreso comienza con una decisión valiente.*

- *La decisión más importante que usted puede tomar es estar de buen humor.*

- *La gente exitosa decide hacer que sus sueños sucedan.*

- *El poder personal es movido a la acción por decisión.*

- *Cree una Afirmación. Yo comencé con: "Mis músculos de toma de decisiones son fuertes".*

- *Cuanto más ames tus decisiones, menos necesitaras que otras personas las amen.*

- *Encuentre algo para vivir y muera haciéndolo.*

Tiene toda una serie de decisiones que puede tomar hoy. Tal vez usted debe permanecer justo donde está, en este momento y escribir todas las cosas en las que usted tiene que tomar decisiones y tómelas una tras otra.

CAPÍTULO Tres

Aspiración

Tercer Nivel de Conciencia -ASPIRACION

Cuando usted se concientiza de algo dentro de sí, que quiere más expresión, como una vida más rica y plena…eso es Aspiración. Cuando esa Aspiración se vuelva lo suficientemente fuerte va a querer alejarse de las Masas. Aunque estará rodeado por las influencias de las Masas y sus procesos de pensamiento, no será influenciado por ellas. Siempre mantenga sus pensamientos fortalecedores y declaraciones positivas de Aspiración en su mente. No deje que las masas le hagan retroceder.

9:00 am Aeropuerto Internacional de Copenhague, Dinamarca

Era el 6 de julio de 2004, al día siguiente del cumpleaños setenta de Bob. Habíamos pasado su día especial con un alquimista en el bosque profundo en el sur de Suecia y ahora estábamos en un vuelo a Helsinki, Finlandia para un seminario. Bob estaba leyendo un libro de Thomas Troward que Gina Hayden, su asistente ejecutiva, le había regalado por su cumpleaños. El libro era una primera edición especial titulada *The Hidden Power (El Poder Escondido)*.

Yo estaba en el asiento 2D y Bob estaba sentado justo detrás. Estaba empezando a dormirse y le pregunté si podía echar un vistazo al libro. Él dijo en broma, "No derrame nada sobre él William, es una primera edición."

En algún momento durante el vuelo, empecé a quedarme dormido, así que puse el libro en el bolsillo del respaldo para guardar. No fue hasta que estuvimos en el taxi que me di cuenta de que había dejado el libro en el avión. Nunca olvidaré la sensación enfermiza que se precipitó a través de mí. Un montón de preguntas brillaron en la pantalla de mi mente: "¿Qué debo decir? ¿Cuándo debo decirlo? ¿Debo decir la verdad o inventar alguna historia fantástica para suavizar el incidente? No podía ni siquiera imaginar lo que Gina iba a decir acerca de mi falta de responsabilidad, sobre cómo no me había importado el tiempo y el dinero que ella había gastado en la compra de este regalo especial para su mentor de tantos años. Más tarde, en el hotel le confesé a Bob lo sucedido; estaba casi en lágrimas. Bob me miró y me dijo: "No te preocupes por eso."

Ahora, conozco a Bob lo suficientemente bien como para saber que no es lo que realmente sentía, pero se mantuvo en calma mientras continuaba: *"No estaba destinado a ser para mí. Si está destinado a serlo, regresará a mí.*

Comentario Escrito a Mano. Coaching Bob Proctor

El título del libro era "El Poder Escondido" por Thomas Troward. William estaba por aprender una gran lección. Si usted pide...cree y espera, el poder escondido siempre llegara a la hora correcta.

Yo seguía pensando, "¿Cómo...su nombre y número de teléfono no estaban escritos en el libro? ¿Qué más podría salir mal?"

Cuando el taxi paró hasta nuestro hotel nos dimos cuenta de que el coordinador de eventos en Finlandia nos había reservado hospedaje en un YMCA (Gimnasio), había dos pequeñas habitaciones con un catre en cada una. Una televisión estaba sobre la puerta porque no había otro lugar para ello. Mi maleta no cabía en la habitación al menos que la pusiera debajo del catre y mi cuerpo de un metro y noventa y ocho cms (1.98 ms.) no cabía en el baño. Sólo sabía que de alguna manera tenía que ducharme y prepararme para el día ajetreado. Mientras trataba de afeitarme, con una pierna fuera del baño y otra dentro, Bob llamó a la puerta y dijo: "Quédate en tu habitación, ya vuelvo." Cuarenta minutos más tarde estaba de vuelta. "Empaque sus maletas, nos vamos fuera de aquí", fue todo lo que dijo. Él había encontrado un hotel de cinco estrellas, mi habitación tenía un baño en que podían estar diez personas. El problema del hotel fue resuelto, pero seguía sintiéndome horrible y avergonzado por haber perdido el libro.

"Siempre recuerde, creer es ver, no al revés."

-Bob Proctor

Durante nuestra estadía en Helsinki, pase lo que parecían ser muchas horas con el departamento de Lost & Found (artículos perdidos) de la aerolínea en Alemania, rezando con todo mi ser, que el libro de Bob aparecería. Mi cuenta de teléfono terminó siendo más cara que la habitación de hotel y finalmente logramos hablar con un representante de servicio al cliente que hablaba inglés, quien me dijo que nuestro avión había ido a Latvia, luego de vuelta a Alemania y ahora estaba en España. ¡Oh chico!

Cuando salimos de Helsinki un par de días más tarde, pensé que haría otro intento más para encontrar el libro. Dejé a Bob en la puerta y corrí hacia el área de recogida de equipaje. No había nadie allí, sólo una señal en la puerta que decía: "Volveremos en una hora". Había un teléfono de cortesía para reclamaciones fuera de horas hábiles, así que marqué y un hombre respondió: "¿Cómo le puedo ayudar?"

Su inglés perfecto me cogió fuera de base porque pensé que estaría hablando con alguien usando mi limitado alemán. Así que solo dije: "Sí, yo sólo estaba preguntando sobre un libro que había quedado en un avión hace dos días, es una Thomas Troward, primera edición, encuadernada en cuero, libro de antigüedades y es marrón. A lo que él respondió. "Espera un momento". Y unos minutos después, cuando la puerta de Lost & Found se abrió, el hombre dijo: "¿Es este el libro que estás buscando?" Cuando volví a la puerta de embarque estaba Bob, ¿dónde estabas? ¿Has estado en el baño todo este tiempo? ", Yo le contesté bromeando," No. Tenía el presentimiento de que podría haber una librería en el aeropuerto con una Primera Especial EdicionTroward "le entregué su libro, sonrió y dijo: "Usted es uno de los seres más afortunados que he conocido". Sentí un gran alivio.

Bob siempre me muestra lo que me enseña. Él me enseñó que *el universo da según su capacidad de creer (incluso cuando las probabilidades están en su contra o cuando no hay nombre o dirección de remisión escondida en un libro de valor incalculable).* Como él dijo: "Si ha de ser, regresará a mí."

Así que aquí está la pregunta:

Cuando sabemos que la vida puede ser mejor, ¿por qué no asumimos la responsabilidad de hacer lo mejor?

Hay muchas razones por las cuales los individuos no asumen la responsabilidad. *Tal vez le dijeron que usted era una persona normal y que sólo debía estar agradecida con lo que tiene. La gratitud por lo que se tiene es un requisito previo para cumplir con lo que Bob llama ser el arquitecto del Universo; también debe ser aplicada al resto de lo que ya se le ha dado. Tal vez, en un momento débil, le resultó más fácil dejar que los demás asumieran la responsabilidad de su vida. Esa decisión se convirtió en un hábito y otros (a menudo personas bien intencionadas) gradualmente le quitaron su poder. Cuanto más renunciaba a su poder, menos creaba y más se hundía de nuevo en la mentalidad de masas.*

Sin embargo usted es un creador y tiene acceso a las leyes que están diseñadas para ayudarle a crear lo que usted quiera alcanzar. Esto empieza con gratitud, pero no llegará a ninguna parte sin actitud, acción y aspiración.

"La imagen de su meta correctamente plantada y constantemente alimentada con energía positiva y pensamiento entusiasta, hará que su objetivo se convierta en un deseo ardiente"

-Bob Proctor

Deseo sin Acción

La responsabilidad es una elección. Nunca había sabido sobre las ventajas o desventajas de esta frase tan poderosa, así que no había ninguna posibilidad de que yo comprendiera lo que Bob quería decir cuando hablaba de *la libertad que la responsabilidad podía ofrecer en el camino de una vida.*

Creo que sería justo decir que las personas por las que tenemos el mayor respeto, han aceptado la responsabilidad en todos los aspectos de sus vidas. Estas personas no evaden la responsabilidad culpando a otros. Cuando se enfrentan a una situación desfavorable, suelen ser conscientes de que atrajeron la circunstancia negativa. Cuando se equivocan, simplemente aprenden su lección. *No renuncian ni abandonan la meta, simplemente siguen buscando nuevas fronteras. Han aprendido a asumir la responsabilidad de lo que sucede, en cada paso del camino. El fracaso no es un enemigo... Es sólo una lección.*

Yo hago Mentoría a las personas, para que asuman la responsabilidad de su futuro, ellos pueden ser todo lo que han soñado y mucho más. Como dice Bob: "Usted tiene el talento y las herramientas para experimentar un hermoso día tras otro. Es lo que he llegado a creer que el Arquitecto del Universo tenía en mente para nosotros cuando fuimos creados. De no ser así, nunca hubiéramos sido dotados con facultades tan increíbles".

Pero aceptar el "status quo" puede crear una especie de "apatía del alma". Dejamos de soñar y esperar porque hemos aceptado las circunstancias y los acontecimientos externos como nuestro destino, en lugar de asumir la responsabilidad por el resultado de nuestras vidas. Sin embargo, hemos sido creados para aspirar con el fin de tener una vida mejor, más abundante, satisfactoria y equilibrada, debemos aspirar a crear.

Aquí, le Entrego mis Claves

Creo firmemente que hay Cinco elementos necesarios para una vida equilibrada. También he aprendido que necesito revisarlos regularmente así tanto como controlaría mi presión arterial o mi cuenta bancaria. *Son indicadores claves del rendimiento en el mundo de los negocios y los pilares filosóficos en los aspectos espirituales de la vida; he llegado a verlos como las claves para tener felicidad y salud óptima.*

Las Cinco Claves son:

- *Mente*
- *Cuerpo*
- *Familia*
- *Finanzas*
- *Comunidad*

He estado utilizando y evaluando estas cinco claves durante más de dos décadas. Bob me enseñó cómo mejorar mi **Mente** con un pensamiento positivo y una acción enfocada. Tuve la suerte de llegar a entender cómo la medicina preventiva y el ejercicio ayudan a mantenerme **Físicamente Saludable.** Conocí y me casé con la mujer de mis sueños, australiana y ella me ha ayudado a tener mejor relación con mi **Familia**. Mi motivación por hacer Mentoría y enseñar me ha dado una gran pasión por ayudar a la **Comunidad** y al mundo.

Sin embargo, nunca he entendido o me he enfocado mucho, en mis resultados monetarios. Mis resultados **Financieros** han llegado de varias fuentes. Tuve muy buenos años y otros años en los que apenas podía sobrevivir. Pero, ¿cuál fue la causa de esas altas y bajas económicas?

Encontré claridad en cuanto a las consecuencias, sentimientos y emociones que experimenté en ambos lados del resultado, tanto en los momentos de grandes logros y cuando estuve cerca de la quiebra. En una palabra: era mi paradigma y todo se reducía a tres factores importantes:

1. *Mi actitud hacia el dinero*

2. *Mi mala capacidad de tomar decisiones en relación con el dinero*

3. *Rehusar a asumir la responsabilidad con respecto al dinero*

En pocas palabras, encontraba más fácil culpar a los demás y a las circunstancias por los fracasos en mi vida personal y profesional. Continué rechazando mi individualidad y siempre entregué todos mis poderes especiales a otras personas, situaciones o circunstancias. Cuando actuaba de acuerdo con mis paradigmas equivocados, ya no controlaba mi futuro. Fue un poco triste realmente. Siempre estaba esperando que algo bueno sucediera, pero dado mi pensamiento (paradigma), normalmente atraía algo que no quería que sucediera. Así que permítanme ser claro: *Requiere de gran valor para asumir la responsabilidad de su vida. Parece mucho más fácil culpar a alguien más o algo fuera de usted.*

"La gente siempre está culpando a las circunstancias por lo que ellos son; no creo en circunstancias. Las personas que surgen en este mundo, son las personas que se levantan y buscan las circunstancias que quieren y si no las pueden encontrar, las crean."

-Bernard Shaw

CAMBIE SUS PENSAMIENTOS

Creo que George Bernard Shaw, tenía razón. La mayoría de las personas creen que la gente y las circunstancias son responsables del resultado de sus vidas. Sin embargo, *para pasar y atravesar el nivel de Aspiración, es crucial asumir la responsabilidad en todos los aspectos de la vida comenzando por sus pensamientos.*

En opinión de mi mentor, aquellos que ganan mucho en la vida toman responsabilidad y crean su propio destino. Así que cuando se trata de las finanzas (y casi cualquier otra faceta de su vida) hay un factor importante que determinará sus resultados. ¿Curioso? Bueno, aquí está: *Hay una gran diferencia entre ser responsable POR y ser responsable DE.* Puede ser muy obvio, pero no deje que la simplicidad lo engañe. Voy a repetirlo de nuevo… Hay una GRAN diferencia entre ser responsable POR y ser responsable DE.

"Usted puede creer que es responsable por lo que hace, pero no por lo que piensa. La verdad es responsable de lo que piensa, porque es sólo en este nivel que puede hacer la elección. Lo que hace es un resultado de lo que piensa…"

-Marianne Williamson

No es raro en estos días escuchar que un padre se culpe a sí mismo y asumir la responsabilidad de algo que le sucedió a su hijo y ese 'niño' podría ser de ¡cuarenta años de edad! "Si sólo yo...o yo debería haber...". Y todos podríamos estar completando estas frases, ¿verdad? Su responsabilidad de padre terminó hace años y sin embargo todavía piensa que es responsable de su hijo y "todavía lo sigue justificando". Ahora antes de que los buenos padres de América vengan a buscarme, permítanme decirles que hay un momento en que esto no es cierto. Usted es responsable tanto POR como DE criar a sus hijos hasta que sean adultos.

Mi generación se ha llamado la generación 'Sándwich' porque somos responsables de los que vinieron antes de nosotros (nuestros padres) y de los que vinieron después de nosotros (nuestros hijos). Agregue a la lista: los hermanos que no están en buenas condiciones, compañeros de trabajo que no hacen lo que tienen que hacer... no es de extrañar que los del medio se sientan tensionados. *Recuerde la diferencia entre el apoyo y la alcahuetería; la diferencia entre ser fríos de corazón o dejar ir con amor.*

Esta es sólo una razón más para tener una relación cercana con un Mentor. Bob ha tenido que recordarme en numerosas ocasiones acerca de *la diferencia entre brindar su mano para ayudar o extender su mano para pedir. En pocas palabras: el buen juicio requiere objetividad- a menudo difícil cuando se trata de personas que amamos y cuidamos.*

"Así que, aquí está su llamada al despertar"

CAMBIE SU ACTITUD

La manera correcta de ver esto es que usted es responsable DE sus sentimientos y sus resultados, pero no de los sentimientos y resultados de otras personas. Usted puede ser responsable ante otra persona por una cosa u otra, pero usted no es responsable de otra persona.

Y si nos fijamos en la situación en la que olvidé el regalo de cumpleaños de Bob en el avión: yo era responsable DE y POR el regreso seguro de su libro. Pero nunca fui responsable de cómo Bob reaccionó o se sintió al respecto. Esta es una diferencia importante. El antiguo William, habría intentado inventar alguna excusa tonta o culpar a algún ladrón ficticio. ¡Sí, es verdad!

El antiguo William habría intentado culpar a otra persona o a la línea aérea y después engañarme para creer que yo sería libre de culpa, libre para divertirme. Al no asumir la responsabilidad, podía manipular lo que Bob sentía hacia mí y a lo que había sucedido. No se me ocurrió que exactamente lo contrario era lo que pasaría...

Cuando no me hago responsable de algo, permito a otros para asumir mis responsabilidades y me vuelvo dependiente de ellos. Nuestros roles se invierten: se convierten en el dador y yo me convierto en el receptor. Mi bienestar se vuelve entonces dependiente de su generosidad.

En algún momento durante mi Mentoría con Bob, se hizo muy claro que este tipo de comportamiento sólo conduce a una vida de escasez, limitación, resentimiento y confusión en las dos partes tanto del quien da como de quien recibe.

> *"La responsabilidad es el precio de la grandeza"*
> -Wiston Churchill

CAMBIE SU COMPORTAMIENTO
Desafíe el Status Quo

Nunca he sabido que algo positivo venga del mal uso de la responsabilidad. Cuando asume la responsabilidad por los sentimientos, resultados o acciones de otra persona, usted destruye su autosuficiencia y respeto por sí mismo. Aquellos que no han asumido la responsabilidad por sus resultados y su vida a menudo se encuentran en una prisión mental y un ciclo de culpa/vergüenza seguido por la ira y la apatía (depresión). Las prisiones mentales pueden destruir casi todo lo que es necesario para una vida significativa: propósito, cumplimiento, respeto a sí mismo, relaciones y salud física.

> *"Mi filosofía es que no sólo eres responsable de tu vida... haciendo lo mejor en este momento te pone en el mejor lugar para el momento siguiente."*
>
> *-Oprah Winfrey*

Responsabilidad y la Monja Voladora

Inmediatamente después del episodio del libro perdido en Helsinki, abordamos un vuelo a Frankfurt. Los recorridos en el aeropuerto son enormes en Frankfurt; ya habíamos hecho un largo camino para llegar a nuestra puerta de embarque y nuestro vuelo de conexión a Londres estaba a punto de abordar. Estábamos a unas puertas de distancia cuando una anciana religiosa católica (que apenas alcanzaba la parte inferior de la corbata de Bob) se acercó y se paró frente a él. De todos las miles de personas en el aeropuerto estaba frente a alguien que ni es católico o particularmente accesible cuando se enfoca en coger un vuelo.

Estaba obviamente perturbada y empezó a hablar rápidamente y en voz alta en italiano, mientras agitaba su tarjeta de embarque en el aire. Ninguno de los dos hablaba italiano, así que me sorprendí al ver a Bob poner su mano suavemente en su hombro mientras se agachaba y miraba el pase de abordar. Ella se dirigía a Roma, así que caminamos con ella a la puerta de Llegada y Salida para encontrar su puerta y luego dirigirla en la dirección correcta.

Obviamente no entendía por qué continuaba hablando aún más rápido y en voz alta, Bob de repente puso su brazo en el suyo, me dijo que tomara su maleta (que era una de esas maletas de cuero antiguas forradas en tela) y los tres caminamos hacia la puerta de salida en el extremo opuesto en la otra ala del aeropuerto, al menos a veinte minutos de distancia. Cuando llegamos, Bob se acercó al agente de la aerolínea y le dijo: "Mira, necesito que te ocupes de esta Santa Hermana, asegúrate de que ella sea escoltada al avión y de que esté en su asiento. Ella ha estado perdida y está molesta; también debe ser escoltada a su destino en su llegada a Roma. Bob entonces la sentó, colocó su maleta a su lado y se aseguró que estuviera bien. Ella sonrió y lo bendijo con lo que sólo se puede describir como una lluvia de Bendiciones. Esa experiencia fue algo que nunca olvidaré.

Cuando volvimos a nuestra puerta, me volví hacia Bob y le dije: "Eso fue interesante." Él solo sonrió. Continué: " ¿Sabes? de las miles de personas en este aeropuerto, ella te escogió. Su respuesta fue típica de Bob Proctor y dijo: "Ella entiende la energía vibratoria… William. ¿Sabes? ella sabía tan bien como yo, sin hablar el mismo idioma o habiéndonos reunido antes, que la Ley de Atracción nos puso a los dos en el momento exacto y en el lugar preciso.

"Y mientras tú te preocupabas por perder nuestro vuelo, sólo confié en el proceso y sabía que un Poder Superior estaba en control de las circunstancias. Yo sabía que incluso si el trabajo de entregarla a la puerta nos costaría perder nuestro vuelo, *habría una compensación para eso porque el mundo está en perfecto orden.*"

"Y por cierto", bromeó Bob, *"Por mis acciones, voy a ir al cielo, pero no estoy seguro sobre el resto de ustedes que eligieron no ayudarla."*

Cuando finalmente llegamos a nuestra puerta, nos enteramos de que había un retraso de treinta minutos en el embarque. Bob me preguntó cuándo nos sentamos, "¿Te gustaría saber cómo leer la vibración de un individuo? De acuerdo. Yo dije. "Absolutamente, me encantaría."

Comentario Escrito a Mano. Coaching Bob Proctor

La lección de hoy con la Monja Voladora, fue una muy buena para William. Cuando usted piense... ¿qué debo hacer? Siga su voz interior. Siempre es perfecta...

Estoy Recibiendo Buenas Vibraciones

Como Bob explicó, recordé cuando le mostré una foto de Deborah y dijo: "Ella es el cerebro izquierdo y el cerebro derecho. (Ella sería una gran abogada, contadora o policía). Lo que Bob desconocía es que Deborah había sido un veterano de la policía de Victoria en Melbourne, Australia, durante quince años, pero al igual que con la monja católica, era como si fuera capaz de entender a Deborah, leer su energía y conectar con quien ella era solo con ver su foto..

Mientras nos sentábamos, él dijo: "Mira a este tipo que viene aquí... déjame contarte sobre él... y déjame contarte sobre esa mujer que está allí... y déjame decirte acerca de este individuo que viene a tu derecha. Él decía que era simple, "Lo que pasa, en el exterior de un individuo es un reflejo de lo que está sucediendo, en el interior de él.

¿Entiende? Era tan simple que casi lo pasó desapercibido.

MENSAJE DEL MENTOR

*En este capítulo sobre el **Nivel de Aspiración,** se discutió la importancia de asumir la responsabilidad por el resultado de cada aspecto de la vida.*

En el 2002, me salvé del borde del fracaso absoluto en todos los aspectos de mi vida, incluyendo el colapso financiero simplemente ¡asumiendo responsabilidad!

En aquel entonces, estaba en un punto muy bajo en mi vida donde pensé que simplemente las cosas no podrían ser peores - ¡con toda seguridad! No veía ninguna salida del hueco que había cavado. Toda la culpa y la falta de responsabilidad que había estado declarando, había llegado a su límite. Yo era mi peor enemigo. La razón por la que obtuve malos resultados en mi vida no fue por mala suerte o por malas circunstancias. Simplemente estaba bloqueando todo lo positivo al continuar con la culpa y la queja.

Sin embargo, *cada momento, cada situación, cada vuelta de los acontecimientos que se nos presenta es una oportunidad de aceptar la responsabilidad, de construir el **YO** que somos capaces de ser. No se trata de quejarse y culpar. Se trata de aceptar oportunidades, implementar ideas, actuar y expresar activamente el propósito que es únicamente nuestro. En última instancia, se trata de **asumir responsabilidad.***

QUE HACER / QUE NO HACER

1. Examine su vida hoy y los resultados que está recibiendo.

    ¿Sigue jugando a ser la víctima, usando la auto justificación o excusándose a sí mismo culpando a los demás o está ahora dispuesto a aceptar la responsabilidad de sus acciones?

    Si es así, encuentre y mantenga las personas en su vida que ayudarán a mantenerlo responsable.

    _____

    _____

2. ¿Qué es algo que realmente desea/aspira lograr en la vida? Escríbalo (en tiempo presente, como si ya lo hubiera logrado).

    _____

    _____

    - ¿Se siente digno de tener la meta que desea? Si no, ¿por qué no?

    _____

    _____

3. ¿Recuerda la historia de cómo Bob puede determinar lo que una persona es, justo por lo que está pasando en el exterior de ella? ¿Qué dice su exterior acerca de usted? ¿Qué es lo que puede hacer para cambiar su exterior?

    _____

    _____

PALABRAS DE SABIDURÍA

- Usted es responsable de su propio comportamiento.
- El conflicto de otros no tiene que cambiar su estado de ánimo, sus decisiones o su comportamiento.
- Asumir la responsabilidad le permite tomar mejores decisiones.
- Usted es el arquitecto mental de su propio destino.
- Es SU responsabilidad hacer los cambios necesarios para lograr los resultados que USTED desea.
- Tiene que asumir la responsabilidad personal de hacer que suceda y tiene que resolver dentro de usted mismo, "que lo puede hacer".

"Usted es responsable de todos los resultados en su vida. Es responsable de su felicidad. Responsable de su salud. Responsable de su riqueza. Y usted es Responsable de su estado emocional, independientemente de lo que haya sucedido en el pasado, el futuro está por delante como un tablero en blanco, esperando que tome el control y cree una maravillosa vida para usted mismo."

CAPÍTULO Cuarto

Individual

Cuarto Nivel de Conciencia -INDIVIDUAL

El Nivel de Conciencia Individual se da cuando usted empieza a expresar su singularidad como ser humano. A partir de este momento, olvide lo que todos los demás están haciendo. Olvide qué tipo de persona quieren ver los demás en usted y sólo sea su versión más auténtica. *Piense en el desarrollo personal como el acto de mejorar cada área de su vida: salud, finanzas, relaciones...para funcionar al nivel más alto posible. Prácticamente todos los aspectos del desarrollo personal conducen a un mayor desarrollo de conciencia de una manera u otra. Deje que su manera de ser y sus creencias resplandezcan en cada palabra que habla y movimiento que haga.*

8:30 am EST Florida Turnpike West Palm Beach, FL

Era una mañana absolutamente hermosa del 11 de septiembre de 2001. Terminaba de tomar una de las decisiones más grandes de mi carrera como empresario. Había decidido enfocarme y comprometerme y ya estaba listo. Como mínimo cincuenta personas habían alcanzado nuevos rangos en mi empresa y debido a esto yo sería uno de las personas más jóvenes en llegar al máximo rango. Sería un gran paso que aumentaría mis ingresos en millones de dólares. Mientras conducía hacia el norte en una autopista de Florida, estaba emocionado al encontrarme con el último engranaje de la rueda y su equipo Einstein Bagels (para alcanzar ese objetivo), justo al lado de Indiantown Road en Júpiter, Florida. Era un encuentro a las 10:00 am y yo estaba a tiempo; un poco temprano, ya que siempre había tenido la creencia de que estar a tiempo demostraba mi actitud responsable.

En mi carro alquilado iba escuchando audios de actitud mental positiva, cuando noté que había un número inusual de personas saliéndose de la carretera y estacionando. Todos salían de sus autos y se consolaban unos a otros. ¿Qué está pasando? Encendí mi radio porque ésta no era obviamente una situación típica de carros atascados. La radio estaba sintonizada en el show de Howard Stern en vivo desde Nueva York. Stern estaba reportando que un avión había chocado con una de las torres gemelas del World Trade Center. Mientras escuchaba con incredulidad, dijo: "¡oh Dios mío, aquí viene otro!" El impacto que siguió fue un estruendo. Desde ese momento en adelante la vida tal como era, nunca sería la misma para nadie.

Al entrar a mi reunión, las risas y las sonrisas que emanaban de mis compañeros de trabajo eran familiares y extrañamente reconfortantes. Todo se sentía irreal y yo estaba allí como el único hombre que podría llevar sus metas y sueños a la realidad; ellos aún no estaban al tanto de lo que estaba ocurriendo a unas cuantas horas al norte de la costa este

Al contarles la trágica situación, un miembro del equipo rompió a llorar y salió corriendo del café. Más tarde supe que su hermano estaba en una de las torres, era un empleado de la firma de inversiones Cantor Fitzgerald. Cuando nos despedimos, nunca olvidaré la mirada en la cara de mi jugador clave. Dijo: "¿Qué efecto tendrá todo esto con respecto a nuestro plan de negocios durante los próximos noventa días?" "No habrán negocios durante los próximos noventa días y no estoy tan seguro de que volveremos a hacer negocios los otros siguientes noventa días tampoco". Era algo que ninguno de nosotros ni siquiera había considerado. Recuerdo lo calmado que fue el viaje de regreso a Ft.Lauderdale. Los teléfonos móviles no estaban funcionando, no había tráfico en la autopista e incluso la charla en la radio se había convertido en desánimo y silencio: mis palabras no pueden describir la realidad del ataque terrorista que acababa de ocurrir.

Comentario Escrito a Mano. Coaching Bob Proctor

"Le dije: William si no estás preparado para enfrentar aquello a donde temes ir y donde nunca has ido, siempre te quedaras donde estás.

"No hay ningún problema fuera de ti que sea superior al poder dentro de ti."

-Bob Proctor

La Barrera del Terror

Ese horrible día, el 11 de septiembre, influyó en los jefes de gobierno, líderes corporativos e individuos (tanto en nuestra nación como en todo el mundo), los llevó a replantear sus prioridades.

Decidí que en lugar de dejar que el terror me desenfocara, empezaría una nueva actitud…

Mirando hacia atrás, la Barrera del Terror se me había atravesado cada vez que intentaba hacer un movimiento grande en mi vida. Siempre que entraba en un área desconocida, permitía que la herencia acumulada de hábitos, opiniones y sistemas de creencias (paradigmas) de otros me controlara. Los paradigmas tenían tanto poder y fuerza en mí, que al menor indicio de temor o debilidad, ellos tomaban el control y yo retrocedía. Como mis viejos paradigmas... no ser lo suficientemente bueno inteligente- tomaron el control, bajaba de nuevo por la escalera a donde todo había comenzado... el comportamiento Animalista de luchar, congelar o huir, ocurría tan naturalmente como el amanecer y parecía tan fundamental a mi crecimiento o falta de él.

> *"Los paradigmas no se originan con usted, son la herencia acumulada de los hábitos, opiniones y sistemas de creencias de otras personas, pero siguen siendo la fuerza que lo guía. No habrá cambio permanente en SU vida hasta que el paradigma haya sido cambiado"*
>
> *- Bob Proctor*

Siempre pensaba que ya había alcanzado la libertad, encontraba que la Vieja Barrera del Terror, se aparecía frente a mí. Ahora, súmele a esto un ataque terrorista de proporciones bíblicas y podría estar de acuerdo conmigo en que habría sido imposible lograr una meta personal y laboral. Pero yo había pasado la década anterior escuchando cintas de inspiración, haciendo repeticiones diarias de lecturas motivacionales y todas esas cintas, libros, lecturas habían grabado en mí la creencia de que no podía dejar que ninguna Barrera del Terror o ataque terrorista, alejaran de mis mayores sueños.

La Barrera del Terror es simplemente esa pared imaginaria que se encuentra entre donde estamos y donde nunca hemos estado, pero queremos ir.

Nuestros grandes triunfos están más allá de nuestro mayor temor y sólo hay una manera de llegar al otro lado...cambiar nuestros paradigmas. Por fin recuperé la calma y comencé a observar que todo el mundo se unía contra este horrible acto de debilidad. Me levanté y recibí un pensamiento intuitivo. No debía abandonar mis sueños y mis deseos; simplemente debía cambiar la fecha.

Para superar mis barreras de terror, tuve que mantenerme lo suficientemente consciente como para concentrarme en lo que estaba al otro lado de esa barrera de terror. Es el valor que se requiere para ver más allá de los hechos; para vivir en la solución no en el problema, el valor para tener fe.

La vieja fecha no era importante. Lo que importaba para mí y para muchas otras personas maravillosas, era que alcanzara mi meta. Ante el terror...NOSOTROS alcanzamos nuestro objetivo.

Me comprometí a que antes del 30 de septiembre de 2002 llegaría a la meta que me había fijado el 11 de septiembre de 2001. Sabía muy dentro de mí, que no culparía a un ataque terrorista ni a nadie, ni a nada por mi falta de éxito. Esa nueva resolución hizo todas las cosas posibles. ¡Alcancé mi objetivo exactamente un año después!

"Sigue marchando, no importa lo mucho que tus pies quieran mantenerse enraizados en el suelo. Rehúsa a permitir que este demonio negativo controle, tus emociones... tu futuro".

-William Todd

¿Qué es lo que Más Desea y Cuál es su Miedo Alrededor de ese Deseo?

Es de esperar que nos encontremos con un muro de miedo cuando vamos en búsqueda de nuestros sueños, bueno, al menos la mayoría de nosotros. Porque hay una parte de la mente que ama el diálogo negativo como… "No puedes hacer eso" o "No eres lo suficientemente inteligente".

Pero a través de la repetición de mantras positivos, creamos suficiente conciencia positiva alrededor de lo que queremos cambiar en nuestros viejos paradigmas de pesimismo y tristeza. Bob dice que hay dos maneras de cambiar un paradigma:

1 *Repetición permanente y constante de ideas que son esencialmente opuestas al paradigma.*

2 *Experiencia personal después de un impacto emocional.**

*Un impacto emocional suele ser una experiencia - que cambia la vida ya sea por una enfermedad que amenaza la vida, un divorcio o la muerte de alguien muy cercano a nosotros.

Algunos individuos hacen cambios en sus vidas después de vivir una experiencia que cambia la vida para siempre, pero solo algunas veces. La mayor parte de nosotros necesitamos reprogramar nuestros paradigmas con la repetición del pensamiento seguido por la acción. Esto es crecimiento individual, es la clave para una vida sana y exitosa porque lo que pensamos (nuestro paradigma) en última instancia, se manifiesta en nuestra vida.

> *"Usted y sus resultados son el producto de la manera habitual de pensar de otra persona. "*
>
> *-Bob Proctor*

He tenido éxito. ¿Ahora qué?

Cuando había alcanzado mi objetivo de 2002, mi vida personal se estabilizó y mi negocio estaba en auge. Empecé a pensar que ya había llegado al máximo. Estaba agradecido porque recordé que la educación continua y el aprendizaje repetitivo, habían sido una parte tan importante de mi viaje, pero también *comencé a pensar que era algo con lo que ya no tenía que ser tan disciplinado. ¡Grave error!*

*Era claro para mí, que después de mucha fanfarria y celebración y sin una meta escrita, me dirigía a tener algunos de los mismos resultados que acababa de superar. Le pregunté a Bob ¿si era posible que volviera a caer de nuevo en mis viejos hábitos? Él solo me miró y me dijo francamente que **el desarrollo de la individualidad es un proceso interminable**. Las elecciones que hacemos, las aspiraciones que desarrollamos, el uso de nuestros talentos y nuestras capacidades, son todas primordiales para ser un ser humano completamente individualizado.*

Increíble, realmente. Había visto que les sucediera a innumerables personas a las cuales había mentoreado y ahora yo estaba haciendo lo mismo. Me había hecho el de la vista gorda a esa increíble resistencia que está constantemente halando y tirando de nuestros sistemas de creencias y mentalidad... como una fuerza de atracción que está tratando de devolvernos a nuestros viejos hábitos. Lo describo como si un gran imán en un patio de chatarra, recogiera un automóvil y lo levantara a grandes alturas sólo para dejarlo caer y aplastarlo a una pequeña fracción de su tamaño original.

Ciertamente, estaba emocionado de ser un testigo que *El Mentor en Mí* fuera desenterrado; aprecié el regalo que el buen Dios me concedió en ser capaz de ser un Entrenador o Coach y ver tantos cambios y avances, pero ya era tiempo para que volver a encaminarme. Tengo un amigo que dice: *"Nunca vuelvas la espalda al océano". Había vuelto mi espalda al océano y la marea estaba a punto de atraerme. Era hora de recuperar mi autoestima haciéndome valer.*

¡Encuentre Algo por lo cual Usted estaría dispuesto a Morir y Vívalo!

A mediados de agosto de 2004, mientras conducíamos de Sedona, Arizona a Colorado, hicimos una escala en un rancho exclusivo de cinco estrellas en el río Colorado en Moab, Utah, llamado Sorrell River Ranch. En el desayuno a la mañana siguiente le dije a Deborah que este sería un excelente lugar para un evento de liderazgo.

Después de haber alcanzado un nivel de éxito, había tenido una visión. Esa visión era compartir lo que mi mentor y entrenador estaba haciendo por mí; para enseñar a otros acerca de los *Siete Niveles de Conciencia*. Recuerdo haber llamado a Bob y decirle acerca de mi objetivo y dijo, "¿A qué distancia está el aeropuerto internacional más cercano?, le dije...Denver, Colorado o

Salt Lake City, Utah, que estaban a un poco más de cinco horas de distancia. Él contestó *"¡Hágalo ya!"*

El evento del rancho fue un gran reto. Me encontraba fuera de mi *zona de confort,* pero estaba de nuevo retomando mi crecimiento. Dejamos esta zona, porque nos dimos cuenta de que este movimiento era necesario para que el cambio sucediera. Todo crecimiento se lleva a cabo fuera de nuestra *zona de confort. Cuando tomamos acciones suficientemente fuertes y aprovechamos nuestro deseo, nuestros viejos paradigmas quedan anulados; se oscurecen en una ráfaga de actividad que permite que nuestro deseo de superar esos viejos hábitos, sea la forma en que eventualmente desarrollamos una comprensión tácita del individualismo.*

El Coraje de ser un Individuo

La próxima vez que decida enfocarse a ser un jugador y decir *Si*, mientras que todo dentro de usted se está negando, sea valiente y diga *NO*. No hay una compensación significativa para el conformismo.

Este proyecto era un gran reto pero en mi cumpleaños cuarenta y tres de la primera semana de octubre, mi visión de agosto del año anterior se llevó a cabo en Moab, Utah, en el Sorrell River Ranch Resort. Fui el anfitrión del primer evento de liderazgo en la historia llamado (Lead The Field) con Bob Proctor. Éxito total en la venta de taquilla. Esta visión, está loca idea de hacer una reunión de liderazgo con empresarios de todo el mundo en el Rancho de Utah , que está a cinco horas de distancia de cualquier aeropuerto internacional, se realizó y fue un evento al que asistieron personas de Noruega, Alemania, Israel, Australia, Canadá y América Latina.

Fue un evento increíble en un entorno impresionante. A Bob le gusta sorprender a la gente presentándoles detalles. Él poseía un documento inédito de una fundación reconocida, que nadie había escuchado. Lo imprimió y lo colocó en hermosas carpetas encuadernadas en cuero. Su plan era empacar las carpetas en cajas negras de aspecto lujoso y envueltas con enormes moños rojos. Una maravillosa sorpresa para todos los que asistieron. El desafío fue la llegada a última hora de las cajas. Pero ya que estábamos totalmente convencidos de que esto era una gran idea, decidimos que los prepararíamos sin importar el tiempo. Y así, a las 5:30 am antes de la primera sesión, el personal estaba frenéticamente preparando las carpetas y envolviendo la cinta roja con grandes moños en cada uno. El evento era al aire libre en un teatro y aún estaba oscuro. En esa mañana temprana y todavía en la oscuridad salieron Bob y Linda en sus pijamas y zapatillas para ayudarnos a colocar estos regalos hermosos en las tablas blancas cubiertas de lino para esa muchedumbre asombrosa. Aún en mi imaginación no podría haber visto lo que habíamos creado. La salida del sol que brilla en el paisaje de rocas rojas iluminaba las hermosas mesas blancas decoradas con las cajas negras, adornadas con la cinta roja. Todo lo que podía pensar era: "Este tipo simplemente... nunca deja de dar"

Incluso un Mentor Superior se Estresa

Durante el retiro, todos tuvimos una serie de actividades extracurriculares: paseos a caballo, rafting o las competencias de corredores. Bob, Linda, Deborah y yo decidimos ir a caballo con un grupo de asistentes, Bob consiguió un caballo llamado Big John y era un nombre apropiado. Fue de verdad, Bob abrió totalmente sus piernas para poder montar a este animal gigante, luego de tres horas y media de marcha, ¡apenas podía caminar!

Alguien fue al pueblo a conseguir sales de Epson para aplicarle en la zona afectada hasta que pudiera estar de pie y hacer la presentación más tarde esa noche. Pensé en que Bob, a los 71 años de edad, no sólo había sido el maestro de ceremonias de un evento importante, sino que también había ido a un paseo a caballo de tres horas. Pocas personas de setenta años o más podrían hacer eso, pero Bob siempre lidera con el ejemplo y definitivamente sabe cuándo trabajar y cuándo jugar.

Cuando nos preparábamos para la sesión nocturna, Bob se dirigió de pronto hacia el salón principal. Cuando le pregunté a donde iba, dijo que acababa de oír que uno de los participantes se había roto la pierna en el patio y que tenía un gran dolor. Iba a ser llevado a Phoenix a la mañana siguiente, pero Bob quería hipnotizarlo para que pudiera dormir toda la noche y hacer su viaje al amanecer, sin ningún tipo de dolor. No podía creer lo que escuchaban mis oídos. "Sí," dijo Bob, "¿Nunca me has visto hacer esto?" Y luego nos invitó a verlo. Mientras Bob estaba junto a la cama de este pobre compañero, tomó una pluma en la mano y dijo: "Ahora, lo voy a hipnotizar, voy a transferir todo el dolor que está experimentando de su pierna en esta pluma, quiero que escuche con atención y sólo sepa que al final de esta hipnosis esta pluma va a asumir todo el dolor que hay en su pierna. El procedimiento y la transformación tardaron menos de media hora. Cuando vi al chico a la mañana siguiente se estaba preparando para su viaje a Phoenix, ¡aún estaba agarrando la pluma! Más tarde me dijeron que durmió con ella, su rostro no mostraba signos de dolor o malestar. Me dirigí a él y le pregunté: -¿Puedo pedirle un momento la pluma para escribir una nota? Y él me miró con los ojos que decían: -¡Nadie va a tomar esta pluma!

Fuera del incidente de la pierna partida, el evento fue un gran éxito en todos los niveles, excepto cuando descubrimos que estábamos muy por encima de nuestro presupuesto en comida, esto como consecuencia del aumento del precio por cabeza que hizo el gerente, después de haber sido firmado el contrato, Deborah y yo estábamos discutiendo con el propietario sobre cómo resolver la factura cuando Bob llegó.

Podría decir que estábamos molestos. No era tan fácil volver a hablar con más de un centenar de participantes y decir: "Oigan, subieron el precio de toda la comida" El hecho es que debíamos miles de dólares más de lo que habíamos acordado.

Estaba a punto de aprender otra lección porque Bob sacó su tarjeta negra de American Express y dijo: "No te preocupes por eso, pon el cargo en esta tarjeta..." *Fue un instante detenido en el tiempo, yo estaba impresionado. Él me enseñó tanto sobre el dinero: acerca de lo que es...que no se hace sino que realmente se gana; qué se puede hacer* que nunca ha habido tanto dinero en circulación en nuestra historia. No se trataba sólo de que él asumiera la responsabilidad y pagara la factura por la comida extra, sino que era la forma en que me mostraba que todavía me aferraba a mis viejos paradigmas de dinero. Me criaron con una falta de mentalidad de dinero. Mi padre decía: "El dinero no crece en los árboles". Si lo hiciera, mis padres no habrían sufrido los importantes contratiempos financieros que finalmente los llevaron a la bancarrota. Pero en lugar de darle poder al dinero, en ese momento. *Bob me enseñó a transformar mi relación con el dinero de escasez y dolor a la suficiencia, la abundancia y la inspiración. Él pagó la factura por los cargos adicionales y lo más importante, me ayudó a cambiar un paradigma por otro que decía "el dinero es bueno cuando somos buenos administradores de él". ¡Era tan real y claro!*

Este evento fue donde realmente comencé a creer en mí mismo y abrir un camino positivo para desarrollar mi potencial. Es donde empecé a convertirme en la versión autentica, única, libre y creativa del verdadero

William. Tan pronto quité esa mentalidad de mi propio camino, confíe en el proceso, deje de escuchar mis viejos paradigmas, comencé a escuchar las verdades de mi mentor, las ideas se hicieron planes, mis posibilidades se convirtieron en oportunidades y mi potencial se convirtió en ilimitado.

"Su potencial es ilimitado también"

Comentario Escrito a Mano. Coaching Bob Proctor

"El universo entero está controlado por la Ley de Circulación, tienes que mantener todo en movimiento. Nunca eres dueño de nada. Sino lo sueltas se apodera de ti..."

"El gen del éxito vive en cada persona independientemente de los resultados que esté recibiendo actualmente; somos seres espirituales y el espíritu siempre es la expansión y expresión más completa."
-Bob Proctor

CAMBIE SUS PENSAMIENTOS
Haga la Única Cosa que le hace Sentir Temor

Cuando se enfrente a su Barrera del Terror, podrá sentir un escalofrío, encontrar que tiene un salpullido o sentir su corazón palpitar a pesar de que no está cerca del peligro. Como puede ver, su percepción ¡ES su realidad! Es posible que no sepa exactamente lo que se encuentra al otro lado de su Barrera del Terror, pero no hay duda de que una vez que supere el miedo, estará mucho más cerca de su objetivo.

Y como Bob a menudo dice: "Si tu objetivo no te asusta y te excita al mismo tiempo, vas tras el objetivo equivocado."

Me enfrenté a muchas barreras del terror al ser anfitrión de este Retiro del Liderazgo. En varias ocasiones los eventos no salieron exactamente como estaban planeados y mis pensamientos amenazaron con descarrilarme a mí mismo y el resultado. Afortunadamente, tuve un mentor que ya había visualizado un resultado exitoso.

Este es un buen ejercicio: Piense en su Barrera del Terror, luego comience a visualizarse con éxito eliminando esa Barrera del Terror... Mentalmente véase ganando y empezará a liberarse del estado emocional que esa barrera le causó.

¡Recuerde, la percepción ES realidad!

CAMBIE SU ACTITUD
Confíe en Su Intuición y Tome Acción

Hay muchos otros beneficios para usted también. Después de aspirar a algo más grande y mejor que sus circunstancias actuales, puede comenzar a reconocer que usted es una persona valiosa, capaz de cosas increíbles. ¡Por fin usted SABE que es un individuo! Es aquí cuando usted comienza a expresar su individualidad como ser humano. Toma conciencia que nunca ha habido y nunca habrá, otra expresión de vida como usted. Usted entra en acción porque fue creado para alcanzar sus sueños. Usted ahora tiene la conciencia y la fe para avanzar con sus metas y deseos. *Pero debe hacer el trabajo cada día, un día a la vez para permanecer en el desarrollo.*

Nuestros mentores tenían razón: *Si usted puede pensarlo, usted puede hacerlo.* Es un poderoso principio de desarrollo humano. *Mantenga su mente solamente en las cosas que desea. Rehusé a vivir en el problema.*

¿Ahora entiende por qué fue tan sencillo como escribir mi meta y cambiar el año al 2002? *Acepto que debo trabajar con las circunstancias porque me niego a ser gobernado por las circunstancias.* Sólo aplicando lo que había escuchado, cientos de veces, cambió mi vida. Comencé a soñar otra vez.

Todos necesitamos recordar que somos individuos valiosos capaces de cosas asombrosas. Hay un mundo interior maravilloso que existe dentro de usted y la revelación de tal mundo le permite hacer, lograr y alcanzar sus dignos deseos. Sólo usted posee dones y talentos especiales.

> *"Conoce lo que está sucediendo a tu alrededor pero controla lo que está sucediendo dentro de ti."*
> -Bob Proctor

CAMBIE SU COMPORTAMIENTO
Cumpla sus Compromisos

En su obra, "Self-Reliance" (Confianza en sí mismo) *Ralph Waldo Emerson, define el individualismo como una confianza profunda e inquebrantable en sus propias intuiciones. Reconectar con la creatividad ilimitada que se ve en la juventud, según Emerson, es uno de los medios más poderosos para lograr la autosuficiencia interior. Tan pronto como regresé a la acción, todo lo que estaba buscando también me estaba buscando. Comience a vivir con propósito en lugar de vivir por casualidad.*

Por lo tanto, para empezar a expresar su individualidad como ser humano, debe tomar acción. Recuerde que nunca ha habido nadie como usted antes y nunca lo habrá. **Para mantener estas creencias se requiere**

autodisciplina. Bob dice que la autodisciplina es darse una orden y luego hacerse obedecer. La mayoría de nosotros no tenemos suficiente autoestima cuando empezamos. Se habla tanto de ganar autoestima hoy en día, pero en mi experiencia *la única manera en la que usted se dará valor será cuando haya aprendido a confiar en sí mismo.*

Nos comprometemos y no nos hacemos responsables ante el cumplimiento de esas obligaciones, especialmente si es algo bueno para nosotros. Eso tiene que cambiar. Por favor, haga un compromiso para pensar en lo que se está pidiendo hacer y luego ¡hágalo! Haga lo correcto basado en el principio y no piense como las masas o por otros motivos como el dinero. Todos los elogios en el mundo nunca se comparan con el sentimiento que se obtiene al respetarse lo suficiente como para seguir sus sueños y cumplir con sus compromisos.

Recuerde que usted es un individuo que vale la pena y es capaz de cosas increíbles. *Hay un mundo interior maravilloso que existe dentro de usted y la revelación de tal mundo le permite hacer, lograr y alcanzar su digno deseo. Sólo usted posee sus dones y talentos especiales.*

> *"Los únicos límites de nuestra vida son los que nos imponemos a nosotros mismos".*
> -Bob Proctor

MENSAJE DEL MENTOR

Ralph Waldo Emerson define el individualismo como una confianza profunda e inquebrantable de nuestra propia intuición. Mi esposa Deborah me ha enseñado el poder de la intuición. _Ser intuitivo significa que usted es capaz de aprovechar una inteligencia ilimitada para recibir orientación sobre el propósito de su vida._ La intuición se puede utilizar para recibir dirección en su propia vida o ser Mentor de otras personas. Recuerdo tantas ocasiones en las que Deborah dijo: "No tengo un buen presentimiento sobre este lugar, esa ruta, ese individuo o este negocio". Ella también fue lo suficientemente amable como para no decir, "yo sé lo dije" cuando yo no escuchaba. ¿Entonces por qué resistir o aún ignorar la intuición cuando es una parte tan grande de nuestra conciencia?

Mi ejemplo más impactante de intuición con respecto al consejo de Deborah fue con un amigo y colega de negocios. Mientras él era un amigo cercano, nuestras conversaciones diarias me dejaban absolutamente agotado. Al despertar cada día mi teléfono celular ya contenía un largo mensaje de voz en gran parte negativo. Estaba tan acostumbrado a estas sesiones de lluvia de ideas negativas diarias que en realidad había comenzado a pensar que le estaba ayudando al responderle. Pero entonces siempre había esas amables advertencias de Deborah, lo que sugería que era completa y totalmente ignorante de lo que estaba ocurriendo. No podía ver la verdad porque había sido así durante varios años, se había convertido en un hábito.

En su libro, "Prosperity Through Thought Force" (Prosperidad a través de la Fuerza del Pensamiento) MacLellan afirma,

"Sentir lastima hacia los demás es sólo energía desperdiciada". Ellos se aferran a todo lo que se da como una sanguijuela y anhelan más, pero destruyen su autosuficiencia hasta llegar a la pobreza mental y como resultado una total dependencia de la cual nadie es suficiente para apoyarlos.

Esta cita era totalmente verdadera para mi relación con este amigo y la intuición de Deborah estaba dando en el clavo, porque la situación que me llevó a mí y tantos otros miembros de la familia de mi amigo, amigos y socios de negocios era desalentadora. Mi última conversación con él fue sólo unos días antes de su cumpleaños. *Le pedí que por favor tuviera cuidado con su ansiedad y los niveles de estrés, el impacto que sus pensamientos estaban teniendo en su bienestar.* Mi encantadora esposa me recordó que yo había estado verbalizando esta misma advertencia durante muchos meses, sino años. Nos enteramos de su muerte por un ataque cardíaco masivo pocos días más tarde, mientras estábamos junto a la piscina en Napa Valle de California celebrando el cumpleaños de Deborah. Irónicamente, el Valle de Napa fue uno de los lugares favoritos de mi amigo para visitar. Nosotros estábamos en estado de shock y consternación, comprobando una gran realidad y finalmente tuve que admitir que toda mi compasión no había cambiado en nada su vida. Mirando hacia atrás, luego miro hacia adelante y *me doy cuenta de lo vulnerables que somos cuando nos llueven pensamientos negativos y lo importante que es proteger nuestro espacio espiritual.*

"La confianza en sí mismo es una necesidad para una vida realizada. Si usted tiene una auto-confianza divina, ¡usted no sabe lo afortunado que es! Estúdiese a sí mismo, tiene la conciencia y poder infinito dentro de usted. Elija construir una imagen en su mente maravillosa de lo que quiere ser. Felicidad, salud y prosperidad serán sus recompensas."

-Bob Proctor

QUÉ HACER / QUE NO HACER

1. Establecer Metas y Objetivos lleva tiempo. Tome un día para reflexionar y luego establezca una Meta para lograr algo muy GRANDE y tan emocionante que lo excite y lo asuste al mismo tiempo.

    Mi Meta y límite de tiempo es:

    _____

    _____

    _____

2. Pregúntese: ¿Dónde quiero estar en un año a partir de hoy? Su pregunta (y respuesta) puede estar en cualquiera o todas los Áreas claves del Capítulo Tres.

    Mente / Cuerpo / Familia / Comunidad / Finanzas

3. Escriba la siguiente afirmación: (cambie las palabras sino encajan con usted)
    Yo soy el artista de mi realidad. Cada elección que hago, cada acción, cada pensamiento que pienso contribuye a mi hermosa vida.

    _____

    _____

    _____

    _____

PALABRAS DE SABIDURÍA

- *Un fuerte sentido de individualismo y persistencia son atributos esenciales de las personas exitosas.*
- *Crea en el poder del pensamiento y la intención.*
- *Persiga lo que quiera lograr en su mundo.*
- *Ponga una gran cantidad de fuerza de voluntad detrás de sus acciones, será mucho más probable que tenga éxito.*
- *Usted ha sido dotado de facultades mentales para mejorar cualquier circunstancia a su alrededor.*
- *No sea una víctima de la negatividad en sus diálogos internos, recuerde que se está escuchando a sí mismo.*
- *El cambio es inevitable, pero el crecimiento personal es una opción.*

Averigüe qué personas son realmente las que le gustan, en lugar de las que personas a quienes desea gustar. Comparta con las personas que cree que son geniales, en lugar de aquellos que cree que le dan una buena imagen o aceptación. Conozca a la gente contando sus propias historias verdaderas y escuchando las de ellos. Haga cosas porque le interesan, no porque crea que le hagan parecer interesante a los demás

CAPÍTULO Quinto

Disciplina

Quinto Nivel de Conciencia -DISCIPLINA

Disciplina es darse una orden y obedecerla. Así es como nos alejamos de las masas. Así es como usted demuestra su individualidad y diferencia de los demás. Usted se mueve de Individuo a Disciplina usando Aspiración para darle poder a sus ideas y su individualidad, apoyándose en la Disciplina para seguir sus sueños.

9:00 a.m. Crearlake. California Post Office Parking Lot

Poco después de que Deborah y yo estuviéramos casados, Bob nos ofreció lo que dijo: "El mejor regalo de boda y el mejor comienzo para un matrimonio que él y Linda podrían ofrecernos". Era un viaje de una semana a The High Valley Ranch en el norte de California. Nos dijeron que era tan exclusivo que nadie podía llegar en carro a la propiedad, tuvimos que reunirnos en la oficina de correos local para ser guiados hasta el Rancho. Bob dijo: "La mía es la suite roja y apuesto a que les darán esa misma suite debido a todo el trabajo que he hecho con ellos durante años".

Tuvimos visiones de un lujoso resort donde por una semana entera nos quedamos totalmente mimados en un ambiente de spa. Empacamos nuestras pertenencias en una maleta para transporte fácil y compramos una botella de champán para celebrar. Cuando nos presentamos en el lugar designado, había otras personas en el estacionamiento también a la espera de ser guiados. Pensé: "Debe ser un gran rancho". Eventualmente un tipo apareció y después de tomar nuestros nombres, todos lo seguimos en nuestros vehículos. Una vez allí, el mismo hombre nos llevó a una zona indicada cerca de algunos grandes establos y dijo: "Tienen diez minutos para desempacar sus cosas". Se sentía como si estuviéramos en el campamento de entrenamiento. Deborah dijo: "Esto es como cuando me uní a la academia de policía".

Él obviamente no sabía que estábamos, así que fui a explicar que éramos huéspedes de Bob y Linda Proctor y que estábamos en nuestra luna de miel. "Sé exactamente quién eres, dijo y luego se rió. Resultó que mi regalo de mentores era un retiro intenso de siete días de crecimiento personal, completo con cursos de obstáculos físicos y talleres diarios de grupo. Los hombres fueron colocados en cuarteles separados durante toda la semana. Nunca olvidaré la mirada de Deborah.

Rápidamente empaque mis cosas en una bolsa de basura y Deborah tomó la maleta. Dejamos el champán en el coche. Los demás nos miraban divertidos, "¿Quién hace esto en su luna de miel?" Tuve que recurrir a todo lo que mi mentor me había enseñado para sobrevivir durante la primera media hora. Sólo teníamos que confiar en el proceso y confiar en Bob. También tuvimos que aprender a confiar en nosotros mismos.

Comentario Escrito a Mano. Coaching Bob Proctor

Yo sabía que la mejor manera para que William y Deborah empezarán su vida juntos, era ir al PSI Seminar Ranch. Realmente aprendieron a vivir.

"He venido a comprender que las situaciones no siempre se desarrollarán exactamente como yo quiero, pero que van a estar bien de cualquier manera. Los desafíos que enfrentamos en la vida son siempre lecciones que sirven al crecimiento de nuestra alma".

-Marianne Williamson

Ese Regalo de Boda tuvo Sus Altibajos

Durante los siguientes siete días, tuvimos que completar varios cursos de obstáculos diferentes. Trepamos un poste de cuarenta pies, levantamos una tapa de madera de catorce pulgadas que daba vueltas libremente y luego saltamos para agarrar una barra de trapecio. Tres miembros del equipo se ubicaron en el suelo sosteniendo cuerdas conectadas a mi arnés, ¿estaban realmente prestando atención? Una vez, cuando la barra empezó a balancearse de un lado a otro el consejero del equipo dijo:

- ¡Deja de sacudir la barra! El me gritó
- ¡No soy yo... es usted! Calme su mente y calmará su cuerpo. –
- Discúlpeme, ¿calmar mi mente?

Una mañana antes del amanecer, a un grupo de nosotros nos vendaron los ojos y nos llevaron a través de lo que parecía una carrera de obstáculos cuesta arriba. Después de más de una hora de ascenso, nuestros vendajes fueron removidos y fuimos testigos de un espectacular amanecer en California desde la cima de la montaña de varios miles de pies de altura sobre el nivel del mar. Al mirar el amanecer no podía dejar de preguntarme, "¿Dónde estaban los otros y más importante, dónde estaba Deborah? Esperaba que estuviera bien. ¡Gracias a Dios que no sabía la verdad! Ella estaba participando en un ejercicio en el que tuvo que hacer jomping en un acantilado con sólo un arnés y una cuerda para asegurarla. Le dijeron que no temiera al acantilado o a la distancia de mil pies ni a las rocas irregulares del fondo, sólo que tuviera confianza en el entrenador, sosteniendo el otro extremo de la cuerda, una persona que había conocido ¡sólo unos minutos antes!

Se Necesitaría un Pueblo Completo para Educar a William.

El día después de la caminata del amanecer, nos dividimos en grupos de catorce y fuimos instruidos para escalar una pared de dieciocho pies sin cuerdas, escaleras o ayuda. Podríamos, sin embargo, apoyarnos el uno al otro. Mido uno con noventa y ocho de altura. Miré a los demás y pensé: "Esto nunca sucederá". No sólo eran la mayoría de los otros verticalmente inferiores sino que eran de mediana edad y un poco gordos. Dos coches se estacionaron en un ángulo de 45 grados a la pared. Cuando le pregunté para qué eran los coches, el entrenador dijo: "La mayoría de los grupos no lo hacen sobre la pared antes de que se ponga el sol, así que los faros del coche son necesarios para iluminar la pared. "Cuando la última persona suba por encima de la pared, entonces iremos a cenar". Y ya eran las 5:00 pm...

Todos escalamos la pared, incluyéndome y con un peso de más de 250 libras. Todavía estoy sorprendido de cómo todos nos reunimos para hacerlo. Estábamos agotados y aunque estaba muy oscuro cuando terminamos, aun así... ¡qué gran celebración! Pero supongo que pensaron que el tormento físico no era suficiente; nos instruyeron a no hablar con nadie durante las próximas veinticuatro horas. ¡No hablar absolutamente en una multitud de cien personas! Eso podría sonar bastante simple, pero requiere una cantidad extrema de disciplina para hacerlo y sólo se hizo más y más difícil a medida que el día pasaba.

De alguna manera, Deborah y yo sobrevivimos durante esa semana. Requirió más disciplina, resistencia física y perseverancia de lo que yo pensaba que era capaz. Quince minutos después de que salimos del rancho, mi teléfono celular sonó. El primer comentario de Bob fue: "¿Cómo les fue en la luna de miel?" Se rió de buen agrado durante el interrogatorio y luego dijo: "Si su matrimonio pudo sobrevivir esa semana, entonces su matrimonio puede sobrevivir a cualquier cosa durante las próximas décadas".

"El estudio y la disciplina son el requisito previo para cualquier forma de realización. Desafortunadamente, estudiar es muy parecido a pagar impuestos para la mayoría de nosotros, solo lo hacemos cuando tenemos que hacerlo. Si toma en serio el desarrollo de la grandeza en su vida, estudie la vida de grandes hombres y mujeres y siga sus consejos"

-Bob Proctor

La Libertad es un Estilo de Vida Disciplinado

Creo que todo el mundo ve la palabra disciplina con cierta aprehensión. Es sinónimo de trabajar duro, que es lo que es. Debido a que la disciplina no sólo involucra el trabajo que haces, también hace parte de la vida que llevas. *¿Has considerado que lo que haces no es tan importante como lo que dejas de hacer?*

Sin duda, no es difícil decir que una de las mayores quejas que la gente tiene hoy en día es el estrés. También se puede decir que la mayor parte de su estrés es auto impuesto. *Hacemos malas elecciones, nos excedemos en nuestros horarios, hacemos lo que es más fácil en lugar de lo que sería mejor.*

Por lo tanto, el primer aspecto de su nuevo USTED disciplinado es desarrollar la habilidad de decir NO.

Así es. Está bien decir que no a sus amigos, a su familia, a su cónyuge, a sus hijos o a cualquier otra persona. Siempre decir que SI, implica que su tiempo no vale nada. Usted está siempre disponible, no importa las dificultades que le ocasione a usted, su familia o sus metas a largo plazo.

Para tener éxito, usted debe terminar el ciclo de hipnóticamente decir SI. El primer paso es sentarse y hacer una lista. Escriba su participación actual en todos los clubes cívicos o de la iglesia a los que asiste. Haga una lista de todo lo que hace después de su horario de trabajo o los fines de semana, clases, reuniones, compras con los amigos, almuerzos y cenas, viajes de negocios, cine y las cosas que lo mantienen muy ocupado:

* _____
* _____
* _____
* _____

Ahora mire su lista. El objetivo es repasar su lista y reducirla al menos a la mitad. Muchas veces es cuestión de recortar tareas. ¿Tiene que ir de compras cada fin de semana o puede hacer uno o dos viajes al mes? ¿Tiene un almuerzo todos los días o puede hacerlo tres veces por semana? ¿Está en cuatro comités de su iglesia en lugar de uno o dos? ¡Espere! ¿No quiere eliminarlos? ¿No sabe cómo van a estar bien sin usted? Entonces no quiere una nueva vida.

"Si haces lo que siempre has hecho, seguirás recibiendo lo que tienes"

-Jim Rohn

¿Así que estás Listo para Empezar a Obtener Diferentes Resultados?

Sin disciplina, el éxito es totalmente imposible y punto. Disciplina es elegir hacer lo que sabe que debe hacerse, con la frecuencia y el tiempo que sea necesario. Es hacer lo que tiene que hacer (o no hacer) así le guste o no.

"Disciplina le permite controlar el curso de su vida"

Si usted no se disciplina, alguien más lo hará por usted. Ellos, no usted, decidirán qué creen que es mejor.

NOTA: *La mayoría de la gente no sabe cómo o ha olvidado cómo ser disciplinado o tomar decisiones. Si ese es su caso, ponga su mano en el corazón...este capítulo es para usted.*

La diferencia entre la Repetición y el Desarrollo de Habilidades

Hace poco estuve hablando con uno de mis jóvenes aprendices. Estaba hablando de la alegría que siente de leer un excelente libro de crecimiento personal y quería compartir el título conmigo. Le pregunté qué le parecía tan interesante sobre el libro y cómo iba a aplicar esas enseñanzas en su propia vida. Estaba perplejo. Finalmente dijo: "Voy a repasar mis anotaciones subrayadas y luego se las compartiré si quiere."

Le recordé algo que mi mentor me inculcó. *Cuando usted aprende algo de valor, tiene la obligación de apropiarse de esa información y compartirla. El preguntó: "¿Cómo?" Es simplemente esto: transfiera todos sus puntos importantes y subrayados en un documento Word, en tamaño de fuente grande; imprímalo y/o cárguelo en su teléfono inteligente. Luego lea o escuche los puntos clave del libro, cinco veces al día durante veintiún días consecutivos y usted será el orgulloso nuevo dueño de ese conocimiento.*

Usted lo poseerá y entonces podrá utilizar y transferir ese conocimiento (Pay-it-forward), como mentor de alguien sobre el tema. Esta es la razón por la cual nuestro creador nos dotó de facultades que nos separan del reino animal.

La gente confunde a menudo los efectos de la repetición con una sola afirmación y los resultados son los efectos de la práctica en el desarrollo de una habilidad. Al aprender cualquier habilidad, lo que debe ser adquirido no es una asociación o una serie de asociaciones, sino muchos miles de enlaces que conectarán hábitos específicos con resultados específicos. Ya se trate de la danza, manejo del peso, la creación de riqueza o la eliminación de paradigmas profundamente arraigados que pueden tener niveles en el ADN de la programación, la mayoría de nosotros hemos pensado en hacer cambios. Tenemos la intención de hacer esos cambios, pero nuestras mentes siguen siendo ambivalentes, lo que reduce en gran medida nuestras posibilidades de éxito. Incluso lo que podría parecer un intento manejable de aprendizaje repetitivo: una prueba de licencia de conducir, repasar para un examen final o memorizar cumpleaños y aniversarios puede resultar desafiante y decepcionante.

Fíjese la tarea a conciencia de retirar su atención del mundo objetivo. En otras palabras, *concéntrese en los pensamientos o estados de ánimo que usted intencionalmente determine. A medida que enfoca su atención, las cosas que ahora no lo dejan avanzar se desvanecerán y desaparecerán. El día en que consiga el control de sus pensamientos y la atención en su mundo intuitivo será el amo de su destino.* Ya no aceptará el dominio de las condiciones externas o de las circunstancias. No aceptará la vida basada en el mundo. Habiendo alcanzado el control de su atención, alcanzará el poder de la imaginación y pondrá todas las cosas hacia ese enfoque. Todo lo que es de valor requiere cuidado, atención y disciplina. Siempre regresamos a la atención y la repetición.

Aristóteles hizo énfasis en el papel de la repetición en el aprendizaje diciendo: "Es la repetición frecuente la que produce una tendencia natural". Lo que concluye que ¡El crecimiento y desarrollo es el resultado de patrones repetidos!

El Enfoque Requiere Disciplina

Una gran parte de mi pasado tenía que ver con mi educación o para ser más preciso, mi falta de educación. Pasé un semestre en el Colegio Comunitario con una gran expectativa de convertirme en unos guardabosques del Servicio Forestal de los E.U. Durante el plan de estudio de tres meses de cartografía y encuestas, concluí que tenía un trastorno de aprendizaje o atención. No podía tomar el camino a la educación superior porque no podía concentrarme. Comencé a asumir que no era capaz de aprender a la velocidad o profundidad requerida para los cursos de nivel universitario. Cuando comencé a entrenar y mentorear, escuché la cita: *"La repetición es la madre de todo aprendizaje".* Así que al aplicar repetición a mis lecciones, pude mejorar, enfocarme y aprender.

La Repetición es quizás el principio más intuitivo del aprendizaje y no es nada nuevo. Se remonta a las antiguas enseñanzas y registros egipcios y chinos que datan de 3000 A.C. Y ciertamente no era nada nuevo para mí mentor. *Un día, Bob me entregó una lección de una página titulada "Responsabilidad" y me dijo que lo leyera diez veces al día durante treinta días consecutivos.* Él me instruyó a poner una marca en la parte de atrás de la página para cada día que leí las diez veces y que lo llamara cuando terminara la tarea. Yo le dije que lo haría, pero estaba dudoso. El me llamó después de una semana y preguntó:

-¿Cómo va eso, William? ¿Estás leyendo la lección 10 veces al día? Le dije que todo iba muy bien y "por supuesto que lo estaba leyendo ¡diez veces al día!"

Yo estaba mintiendo y él lo sabía. *Ese simple acto de autodisciplina fue lo más difícil que jamás haya intentado en mi vida, realmente mostraba mi nivel de ignorancia al no cumplir mi compromiso.*

Por fin fui sincero con Bob por no hacer lo que me había comprometido a lograr. Su respuesta fue, "¿Dónde más la falta de disciplina está apareciendo en tu vida, William?" Podría haber dicho "absolutamente en todas" porque esa era la verdad. Me tomó más de seis meses completar la tarea de leer esa página trescientas veces dentro de un trecho continuo de treinta días. Eso fue hace más de una década. Continúo con las lecturas cada mañana no porque alguien esté diciéndomelo sino porque Yo quiero hacerlo". He visto los beneficios mostrarse en todas las áreas de mi vida, incluyendo mis pensamientos, mi actitud y mi comportamiento.

Comentario Escrito a Mano. Coaching Bob Proctor

Disciplina fue una de las lecciones más difíciles que william tuvo que aprender, pero ciertamente la más valiosa. Disciplina es la habilidad de darse un orden y seguirla.

"Cuando tomas la decisión, mueves tu cerebro hacia una frecuencia diferente; comenzarás a atraer lo que sea que esté en esa frecuencia".
-Bob Proctor

CAMBIE SUS PENSAMIENTOS
La Autodisciplina Comienza con la Maestría del Pensamiento

Si no controla lo que piensa, no puede controlar lo que hace. En pocas palabras, la autodisciplina le permite pensar primero y actuar después. Aquí está lo que usted necesita entender en lo más profundo de su ser, su tiempo puede definir su futuro. ¿Piensa que las personas y las organizaciones no pueden funcionar sin usted?... ¡no es cierto! Y si usted no dispone tiempo para usted y sus proyectos, terminará en este mismo lugar el año próximo y el año después de este. No estoy diciendo que no tenga muchas actividades, estoy diciendo que lo haga con moderación. Tal vez su nuevo YO quiere cosas mejores y usted necesita volver a estudiar por lo menos dos noches a la semana. Puede sacar el tiempo, sea honesto, pero firme, con la gente con quien normalmente comparte en esas noches. La mayoría de las veces comprenderán y lo apoyarán. He aprendido a no asumir que alguien pensará mal de mí porque no estoy disponible. Puede que se sorprenda de lo que ellos logren sin usted y esto le deja el tiempo necesario para trabajar en sí mismo y en su vida.

> *"La disciplina es tan básica, tan simple y tan mal entendida*
> *que la mayoría de las personas pasan toda su vida sin*
> *disfrutar de lo que desean porque carecen de disciplina"*
> *Bob Proctor*

CAMBIE SU ACTITUD
La Mente es un Atributo del Individuo

Todo el cumplimiento de sus deseos y el progreso, dependen del control y concentración de su atención hacia ellos. La atención puede ser atraída desde fuera (objetiva) o dirigida desde dentro (subjetiva).

La atención puede ser atraída desde afuera cuando está inconscientemente distraído con lo que está en su entorno inmediato. Las líneas de esta página están atrayendo su atención desde afuera. Su atención está dirigida desde adentro cuando usted elige deliberadamente en lo que estará preocupado mentalmente.

Lo que no puede ser tan obvio es que la atención de su mundo objetivo no sólo es atraída por estímulos externos sino que está constantemente dirigida por impresiones externas. En este estado del ser, la atención es usualmente el siervo y no el amo, el pasajero, no el navegador de su mundo. *Hay una enorme diferencia entre la atención dirigida objetivamente y la atención dirigida subjetivamente; la capacidad de cambiar su futuro depende de esta última. Cuando es capaz de controlar los movimientos de su atención en el mundo subjetivo, puede modificar o alterar su vida como quiera. Pero este control no puede lograrse si usted permite que su atención sea constantemente atraída por cosas fuera de usted.*

CAMBIE SU COMPORTAMIENTO
La Repetición es la Madre de Todo el Aprendizaje

La función de la repetición en el aprendizaje constructivo se puede ver en la forma en que relacionamos una experiencia nueva con una experiencia previa. En la mayoría del aprendizaje cotidiano, las personas pueden lograr una aproximación cercana a un nuevo comportamiento mediante el modelado. Ese método se mejora mediante el uso de ajustes auto-correctivos sobre la base de la retroalimentación y de la información de un mentor.

MENSAJE DEL MENTOR

En enero de 2015, Deborah y yo decidimos cambiar en dónde y cómo vivíamos. La mayoría de las personas alcanzan los setenta o los ochenta antes de comenzar a reducir su tamaño, vender su casa y pasar a un clima más cálido para sobrevivir con su dinero. Decidimos que no queríamos esperar hasta que tuviéramos setenta u ochenta años para hacer tal cambio. Decidimos que íbamos a terminar con los inviernos fríos y queríamos vivir en Australia durante el invierno en E.U. que es un verano australiano y luego regresar para el verano. Todo el año con calor, ¡qué magnífico! Habíamos decidido y ahora era el momento de actuar. Después de décadas de acumulación de cosas, nos deshicimos de nuestra casa de 4.000 pies cuadrados, de la casa de huéspedes y todos sus contenidos, el rancho en Idaho y todas las cosas que habíamos reunido para mantenerlo. Teníamos ventas de garaje cada fin de semana y llevábamos cargas de cosas a los refugios para personas sin hogar y la buena voluntad. Me preguntaba: "¿Cómo es posible tener tantas cosas y por qué no había hecho inventario años antes?" La acumulación era simplemente ridícula. Tenía veintinueve destornilladores, docenas de alicates, tres taladros, cuatro martillos, y mucho más. Seguro, yo había estado en el negocio de la construcción, pero nadie necesita ¡veintinueve destornilladores! Era tan excesivo, tan derrochador. Me preguntaba por qué no había mostrado más disciplina recogiendo y organizando toda esta basura.

La pregunta del millón de dólares: ¿por qué no ejercité más disciplina en el sacrificio a través de toda esta energía atrapada durante tantos años? Es tan liberador para "iluminar" su entorno, así como su ¡mente! Sólo tomar el tiempo para disciplinarse acerca del acaparamiento es un ejercicio que libera. Si desea experimentar sólo un poco de este sentimiento le sugiero comenzar con su armario. Esto puede ser un verdadero despertar de visión

Estuvimos de acuerdo en que teníamos un problema de sobreabastecimiento. Tomamos la decisión de poner un poco de ropa excesiva y un número de recuerdos en cajas. Decidimos que mantendríamos todas estas cosas en almacenamiento y disponibles si alguna vez las necesitábamos. Con un poco de esfuerzo y sin apegos, terminamos con unas veinte cajas. Pero aquí es lo que me parece tan interesante en seguir nuestro instinto para eliminar todo este exceso de cosas. Ha sido un año desde que guardamos esos artículos y estoy perdido porque no puedo incluso recordar que hay en ellos. Toda esa energía perdida, ocupar espacio, el inventario para estar a la moda, es perdida de dinero, no tiene sentido. ¿Por qué lo digo? Porque nos hicimos a nosotros mismos esta pregunta: "Si estas cosas eran tan importantes que tuvimos que almacenarlas, ¿cómo hemos vivido un año sin necesidad de nada de eso?"

"Si usted quiere hacer cualquier cambio significativo en su vida, debe darse la orden a sí mismo para hacer lo que usted sabe que hay que hacer y después seguir adelante con ello".

Bob Proctor

QUÉ HACER / QUE NO HACER

1. *¿Se distrae a menudo de lo que debería estar haciendo?*

    _____

*   ¿Cuál sería la disciplina que podría llevar a cabo para evitar distracciones? Como desactivar las notificaciones de correo electrónico y celular, ir a la biblioteca para trabajar, dejar tiempo de tareas específicas y tiempo de recreación, pida la ayuda a un socio o parner para llevar registro de sus avances.

    _____

    _____

2. Entonces... ¿Cuál sería el gran activo que usted posee?
    (Nota: si son veintinueve destornilladores, por favor vuelva a leer la historia anterior.)

    _____

    _____

*   ¿De qué se podría deshacer fácilmente para que su vida fuera más simple?

    _____

3. ¿Cuál es la decisión que podría tomar hoy, que ha estado postergando y que está seguro que seguirá?

    _____

    _____

*   ¿Qué pasos de disciplina usted requiere para cumplir esta decisión?

    _____

    _____

PALABRAS DE SABIDURÍA

- Aprenda a fijar objetivos y completarlos. Tome una decisión consciente de hacer lo que dice que va a hacer.
- La forma más valiosa de disciplina es la que se impone a sí mismo.
- No espere que las cosas se vuelvan tan complicadas que otros deban intervenir e imponer disciplina en su vida.
- La autodisciplina consiste en alinear sus metas con sus acciones.
- Cuanto más practique la autodisciplina, mejor se convertirá a ella.
- Mantenga su mente en las cosas que usted desea en vez de las cosas que no desea.
- Cuando sienta sobrecarga de información o tarea, tome un minuto para detener su diálogo interno y desengancharse. Mejore su capacidad para separar lo importante de lo urgente: mejore su enfoque, ahorre tiempo alineando sus acciones con lo que es importante.

"Sin disciplina, el éxito es imposible. ¡Y Punto! Disciplina es elegir hacer lo que usted sabe que debe hacer, con la frecuencia y el tiempo que sea necesario. Es hacer lo que tiene que hacer así le guste o no…"

CAPÍTULO Seis

Experiencia

Sexto Nivel de Conciencia -EXPERIENCIA

La Experiencia se obtiene cuando se es consciente o se tiene consciencia de una idea, se involucra emocionalmente con ella y luego se actúa. Usted es entonces responsable de cambiar el resultado final. El cambio en el resultado y la experiencia diferente, se deberá a que usted se haya disciplinado. Se dio una orden, siguió la aspiración y tomó la acción para manifestar ideas y pensamientos que lo fortalecieron. *A medida que comienza a experimentar cosas nuevas y mejores, también empieza a dominar su vida.*

11:00 a.m. PST San Diego, California El Tribunal Federal

Dos de mis excompañeros y yo habíamos sido demandados en un tribunal de justicia con un jurado de nuestra localidad y un juez. La circunstancia que nos llevó a la sala del juzgado había sido un sube y baje de emociones.

Varios años antes habíamos firmado un contrato con ciertas garantías financieras que estaban completamente fuera del ámbito de lo normal. El individuo que insistió en que esta era una oportunidad gana-gana estaba delirando. Tome una muy mala decisión firmando el contrato. Podría haber dicho fácilmente que alguien tenía la culpa del resultado, pero como usted ha leído en el capítulo tres, *quien sigue culpando a los demás nunca alcanzará la Maestría*. Era sólo experiencia que me había faltado. Cuando el jurado regresó con un veredicto de culpabilidad y adjudicó al demandante una sentencia de más de diez millones de dólares, fue insólito. Estoy seguro que usted está pensando similar a lo que que yo pensé en ese momento, "Sí, haber firmado ese contrato fue un gran error".

Pero debido a los años de Mentoría que he tenido, sabía que no había realmente errores sólo las decisiones buenas y malas. El único error posible sería volver a tomar la misma mala decisión. *Las malas decisiones son invaluables para ganar experiencia en la vida*, pero ya no tenía tiempo para golpearme a mí mismo por seguir tomando la misma mala decisión dos veces. ¿Y las buenas noticias? Nunca he repetido la mala decisión que tome al haber firmado ese contrato. Y nunca lo haré. Por difícil que fuera, *creo que la experiencia me hizo un individuo mejor*.

Quizás la parte más interesante fue ver a mi Mentor, Bob Proctor actuó como mediador. Por la bondad de su corazón me apoyó y ayudó a resolver esa demanda de centavos por dólar. Afirmó que lo hizo para evitar la vergüenza y las heridas de tres familias que estaban pasando por una bancarrota personal y corporativa.

Típica **Mente sobre Materia** para Bob, pero no era nada menos que un milagro para las personas involucradas. Y la mejor parte de esta experiencia todavía estaba por venir. Me involucré en otra situación exacta, pero esta vez me asignaron el papel de mediador, pude pagarlo a otro individuo y obtener un acuerdo sin todos los combates en un tribunal. ¡No hay errores!

No Hay Errores Cuando los Usamos Como Lecciones

Cuando nos engañamos por nuestros errores, realmente no estamos comprendiendo el valor de la lección que estamos recibiendo. Las lecciones que ganamos de los errores forman nuestras experiencias constructivas. Esas experiencias nos enseñan a hacer mejores juicios. Absolutamente nada puede ser una pérdida de tiempo cuando usamos la experiencia sabiamente.

"No importa cómo haya sido su formación o lo que ha luchado en la vida, su mente subconsciente está ilesa de cualquier circunstancia que todavía tenga que vivir".

-Bob Proctor

Cuando aplicamos disciplina firme y vemos los resultados de nuestros deseos manifestados, la experiencia adquirida sólo refuerza la conciencia de nuestras increíbles habilidades. El aprendizaje experiencial es el aprendizaje "real" porque abre nuestras mentes a una fuente mayor. Se vuelve innecesario recopilar información externa porque sabemos que las respuestas que estamos buscando pueden encontrarse dentro de ella, es sólo entonces que podemos disfrutar de una vida de verdadera alegría y abundancia.

Desde que plantamos las semillas espirituales, la fuerza de vida nos traerá las ideas y los individuos que necesitemos para lograr una meta o nuestros deseos. Como nuestra experiencia se refuerza, podemos elevarnos a nuevos y más altos niveles de disciplina. Todas estas experiencias solo pueden ayudar a elevar nuestro nivel de conciencia.

Como mi Mentor dijo, "Nunca llegamos a la cima, sólo tratamos." El factor principal en el aprendizaje y la experiencia es nuestro reconocimiento de que todo el poder y toda la comprensión ya es una parte de nosotros. *Cuando aplicamos la repetición en ser más y hacer más, los resultados fluyen más fácilmente, nos damos cuenta de que siempre hemos poseído regalos poderosos.*

> *"La victoria o la pérdida, que está esperando en las alas de cada persona, es enorme. Usted puede elegir lo que va a experimentar."*
>
> *-Eric Hoffer*

El Fracaso es un Paso Para el Éxito

La invención más memorable de Thomas A. Edison, la bombilla con un millar de intentos antes de que desarrollara un prototipo exitoso, entonces un periodista le preguntó *"¿Cómo se sintió al fallar mil veces?"*. *"No fallé mil veces", respondió Edison. "La bombilla fue una invención con mil pasos."*

Cuando examinamos con más detenimiento los grandes pensadores a lo largo de la historia, la voluntad de asumir el fracaso no es en absoluto un pensamiento nuevo o extraordinario, pero a diferencia de Edison, muchos de nosotros evitamos la perspectiva del fracaso; nos asustamos de lo que otros puedan pensar y decir si fracasamos. Ahora, puede que esto sea o no una sorpresa, pero la mayoría de la gente ¡no piensa! y es la razón por la que son tan críticos sobre los problemas de otras personas. A propósito. *Los individuos están tan concentrados en no fallar que no apuntan a la grandeza.* La mayoría se conforman con una vida de mediocridad, que también se puede describir como "ser promedio".

"Para muchos en nuestra sociedad impulsada por el éxito, el fracaso no sólo se considera una -no opción- se considera una deficiencia", dice Kathryn Schulz, autor de Estar Equivocado. Aventuras en el Margen de Error. De todas las cosas en las que nos equivocamos, esta idea de error de la mente es la primera en la lista.

Es nuestro Mega-error: estamos equivocados acerca de lo que significa estar equivocado. Lejos de ser un signo de inferioridad intelectual, la capacidad de errar es crucial para el conocimiento humano.

Para lograr lo mejor de sí mismo, alcanzar alturas sin precedentes, hacer posible un imposible, no puede temer al fracaso. Debe pensar en grande y debe pensar positivamente.

"El fracaso no es una opción."

El controlador de vuelo de la NASA, Jerry C
Bostick, durante la misión de llevar la cápsula
Apolo 13 averiada a la Tierra.

Genial, pero ¿Cómo Pienso en Grande?

Parte del problema es que cuando pensamos en personas con una mentalidad grande, imaginamos a los temerarios, pioneros, inventores, exploradores, etc. Pensamos en aquellos que aceptan el fracaso como un paso necesario para alcanzar un éxito sin precedentes. Pero usted no tiene que caminar una cuerda floja, subir el Monte Everest o curar el cáncer para emplear esta mentalidad en su propia vida. Piense de esta manera: *Cuando las recompensas del éxito son grandes, abrazar la posibilidad del error es una clave que abre la puerta a la superación de los desafíos.* Entender que el fracaso es una clave, ya sea que esté reinventándose, iniciando un nuevo negocio o permitiéndose construir una relación más profunda, tiene el tamaño adecuado para espantar ¡hasta al Coco!

> ### Comentario Escrito a Mano. Coaching Bob Proctor

El fracaso es una gran oportunidad de aprendizaje. Tuve el placer de observar cómo William se levantaba de la derrota y subía aún más alto... Bob.

> "No importa donde estés, no estás ni cerca
> comparado con donde puedes ir"
> -Bob Proctor

En enero de 2004, cuando mi separación y divorcio estaba llegando a su fin, uno de las lecciones más valiosas que aprendí, fue asumir la responsabilidad de la salmuera de mi vida tanto en las finanzas, como corporativa y personal.

Un día que yo estaba pagando facturas, el teléfono sonó, era mi Mentor. Después de charlar durante unos minutos, me preguntó por qué sonaba tan bajo. Yo dije que estaba pagando las facturas. Preguntó, "¿Te gusta pagar las facturas?" Yo le dije: "¡NO! ¿A quién le gusta? El Contesto: "A mucha gente, ¿por qué no contratas a uno?" Comencé a reír y le dije: "¿Qué quieres decir?" Bob hizo una pausa y luego dijo: "Mira William, he aprendido hace mucho tiempo que hay muchas cosas que puedo hacer, pero no me gusta hacerlas. También aprendí que esas cosas pueden dar a otros individuos una gran cantidad de placer. Por ejemplo, no me gusta lavar la ropa, ni aspirar, ni planchar, ni pagar cuentas. Entonces conseguí a otras personas que disfrutan de esas cosas para prestarme ese servicio y les recompenso por sus esfuerzos. Una oportunidad de ganar-ganar. "Dije:" No puedo pagarlo. "Dijo," William, cuánto tiempo demoras pagando tus facturas y cuánto es el valor de tu hora.

Finalmente pude comprender. En ese momento... ganaba alrededor de $187.00 por hora. Llamé a mi contador y le pregunté cuánto cobraba por hora para que su asistente pagara mis facturas. La respuesta fue de $ 25.00 por hora. Casi siempre Bob tiene mucha razón.

Comentario Escrito a Mano. Coaching Bob Proctor

William ha aprendido, que se está en la vibración cuando se sirve a otros... Bob.

"No se puede escapar de una prisión hasta que no reconoces que estás en una. Las personas que han elegido vivir dentro de los límites de sus viejas creencias continúan teniendo las mismas experiencias. Requiere esfuerzo y compromiso de romper los viejos paradigmas. Los únicos límites en nuestra vida son los que nos imponemos a nosotros mismos."
-Bob Proctor

CAMBIE SUS PENSAMIENTOS
Sea Testigo de Sus Cambios Internos Primero

Mientras que otros se enredan en los cambios que se manifiestan en el mundo exterior, puede ser testigo de sus cambios internos; verá su habilidad para hacer su vida mejor y la de otros; verá que es tan fácil como encender un interruptor. *Su Dios lo ha dotado de maravillosas facultades, poder, promesa y posibilidad. A diferencia de un animal en la selva, dentro de usted se encuentra una mente hermosa que puede pensar, crear, memorizar, imaginar y soñar.*

Cuando se aplican los principios de este libro, sobre cómo cambiar pensamientos por medio de la repetición, las experiencias que adquiera le proporcionarán resultados sorprendentes. El desarrollo de sus verdaderos deseos unido a su disciplina y su práctica cambiará sus pensamientos.

Cambie sus pensamientos apoderándose de nueva información por medio de la repetición. Usted se convierte en el beneficiario de ese conocimiento (nueva información) y este conocimiento esencialmente se convierte en usted. Los pensamientos que han estado ocupando su mente serán reemplazados por pensamientos afirmativos (o afirmaciones positivas) que cambiarán sus hábitos y en última instancia mejorarán sus resultados.

Al repetir las frases positivas (o de empoderamiento) a usted mismo, de cómo quiere ser, no lo definirán por su formación...o por ser un producto de su entorno/experiencias, sino que ahora puede ser todo lo que desea ser y más.

Una vez consciente, no se puede volver a un estado de inconsciencia. Una vez que esté despierto, ¡no hay vuelta atrás!

Para practicar la repetición, lea la siguiente frase corta cinco veces al día durante veintiún días consecutivos y vea cómo sus experiencias y sus pensamientos cambian:

"Soy responsable de mi vida, de mis sentimientos, de mi crecimiento personal y por cada resultado obtenido en mi vida."

-Bob Proctor

CAMBIE SU ACTITUD
Desarrolle una Actitud de Gratitud

La gratitud es un sentimiento que reconoce un beneficio que se ha recibido o que se recibirá, significa aprender a vivir la vida como si todo fuera un milagro, hacerse conciente continuamente de todo lo que se ha recibido. La gratitud cambia el enfoque de su vida de carencia o limitación a la abundancia que ya está presente.

La gratitud tiene una desventaja común en la gente y es que se tiende a dar por sentado o por hecho el bien que ya está presente en sus vidas. Les pido a mis alumnos que hagan un ejercicio de gratitud que les obligue a imaginar perder algunas de las cosas que dan por hecho; tales como su hogar, su capacidad de ver u oír, su capacidad para caminar o cualquier cosa que actualmente les da comodidad. Luego les pido que se imaginen estar recuperando cada una de esas cosas, una por una y consideren cuán agradecidos estarían por cada una de ellas.

Hay un ejercicio simple que puede literalmente cambiar su vida; empiece a encontrar alegría en las pequeñas cosas en lugar de celebrar grandes logros como conseguir la promoción, tener un buen ahorro de retiro, casarse, tener ese bebé y así sucesivamente. Usted puede tener mucha más alegría en la vida al permitirse sentir gratitud.

¿No sabe realmente por qué estar agradecido?
¿Por qué no desarrollar la práctica del ejercicio de Gratitud que yo enseño en mi programa de entrenamiento?

- **Mantenga un Diario de Gratitud.**

Esta pequeña tarea diaria consiste en anotar una lista de diez cosas por las que está agradecido. Hágalo todos los días; hágalo justo antes de poner la cabeza sobre la almohada por la noche. Para comenzar el ejercicio de gratitud, haga su lista diaria de diez cosas (sin repetir ninguna) durante el transcurso de los primeros diez días. Usted terminará con una lista de cien cosas por las que está agradecido para el final del ejercicio. Lo más importante, usted comenzará a notar más de lo positivo a su alrededor-cómo la naturaleza hermosa puede ser, la alegría en la risa, cómo los sabores de la buena comida, la sensación de ser abrazado o el sol en su cara. Su enfoque lo lleva lejos de sentir lástima por sí mismo, de cómo la vida lo ha tratado hasta ser agradecido por la vida misma.

CAMBIE SU COMPORTAMIENTO

- **Escriba una Carta**

Otra acción que puede emplear: escriba una carta de gratitud a una persona que ha ejercido una influencia positiva en su vida. Esta es una oportunidad para agradecer a un entrenador, un maestro, padre o amigo. Algunos expertos sugieren que establezca una reunión con esta persona y lea la carta, cara a cara. Recientemente vi una historia que realmente resume el entrenamiento **El Mentor en Mí,** es un reto que fue propuesto por Will Bowen, un ministro de Kansas City. ¿Estás listo?

- **Viva 21 Días sin Quejarse, Criticar o Chismear.**

¡Ohh! Para ayudar a los participantes a dejar de quejarse, cada uno lleva una pulsera púrpura llamada *Pulsera No Quejas*.

Una manera maravillosa de buscar las cosas para agradecer en vez de las **Quejas** *es que usted comenzará a apreciar los placeres simples, cosas que antes daba por hecho. La gratitud no debe ser sólo una reacción para conseguir lo que quiere, sino una continua visión. Para convertirse en una persona que nota las pequeñas cosas; alguien que puede buscar el bien en una situación desagradable... empiece a agradecer sus experiencias en lugar de esperar una experiencia positiva para sentirse agradecido, empiece a agradecer por CADA experiencia.*

"La gratitud es una actitud que nos engancha a nuestra fuente de suministro y cuanto más agradezcas, más te acercas a tu creador, al arquitecto del universo, al núcleo espiritual de tu ser. Es una lección fenomenal".

-Bob Proctor

El Poder de la Palabra Hablada

No puedes recuperar la palabra hablada. Es un concepto muy poderoso cuando lo piensas. Todos hemos tenido experiencias como niños o como adultos cuando alguien nos dio un cumplido o una crítica que dejó una marca indeleble en nuestra mente. Y como la mayor parte de nosotros sabemos, ese tipo de marcas son como tatuajes para bien o para mal, pueden estar con nosotros para toda la vida. La verdad es que los comentarios tienen el potencial de dar forma a nuestro futuro de buenas o malas maneras. Y aún más triste es especialmente cierto para la retroalimentación negativa.

Una palabra negativa mal ubicada puede ser como un fusible que está conectado a un barril de dinamita, porque *cuando las palabras hostiles salen, pueden rasgar un corazón con la energía de un explosivo. Las palabras pueden quemar una relación de veinte años en cuestión de segundos. Porque una vez que las palabras hirientes golpean el aire, no hay ningún botón para presionar y retroceder. Están en el universo; pueden hundirse en el subconsciente de otro individuo para causar daño.* Esto se debe a que las palabras son cosas difíciles que pueden sonar totalmente inofensivas, pero resonando en su cabeza pueden tener un impacto totalmente diferente. Si las palabras son positivas, cuando salgan de su boca saldrán totalmente oxigenadas. Es muy fácil olvidar el poder que nuestras palabras tienen en otras personas.

> *"Las palabras amables pueden ser cortas y fáciles de decir, pero sus ecos no tienen fin."*
>
> *-Madre Teresa*

Evite la tentación de hacer notar su presencia; sólo use sus palabras para hacer sentir su ausencia. Mi punto es: *aquellos de nosotros que entrenamos, hacemos Mentoría, en cualquier forma o construcción de relaciones, necesitamos permanecer conscientes del tipo de poder e influencia que nuestras palabras tienen sobre las personas que nos rodean.*

Un comentario insensible puede realmente cambiar el curso de la vida de una persona. Tiene una responsabilidad con las personas que lo rodean; para elegir sus palabras sabiamente lo que dice y cómo lo dice puede cambiar el resultado final. Esto se vuelve mecánico cuando su hábito es decir todo de una manera significativa y sensible. Y es muy importante, porque *su opinión, consejo o comentarios pueden tener el poder de cambiar la vida de alguien.* **Y si no tiene nada bueno que decir, bueno, entonces... pulse el botón de pausa y no diga nada en absoluto.**

MENSAJE DEL MENTOR

Creo que para tener una vida exitosa, no solo necesitamos el Entrenador /Mentor adecuados, sino que también necesitamos unas relaciones muy especiales a nuestro alrededor. Necesitamos personas que produzcan excelentes resultados en su campo elegido, como un contador creativo, un abogado fuerte con un gran sentido del humor y una persona de contacto clave en el banco. La conclusión es que esas relaciones hacen mi vida mucho más fácil, esas personas me liberan mucho más tiempo para trabajar en las áreas en las cuales soy más productivo.

Mi relación más importante y de la que sigo aprendiendo (y creciendo) es con mi esposa y socia de vida Deborah. Como sobreviviente de cáncer de más de diez años, ella sigue *siendo muy abierta sobre su vida y la importancia de operar desde un alto nivel de conciencia y gratitud.* Ella me ha demostrado muchísimo sobre los retos de la vida. Es como si pudiera ver la vida con otro conjunto de ojos y oídos.

Una de sus grandes demostraciones en nuestra vida tiene que ver con el término que mi mentor Bob usa: *"Calm Down to Speed Up".* (*Cálmese para acelerar)* Deborah me recuerda repetidamente esto mientras comemos. Siempre es la última en salir de la mesa, mastica su comida lentamente y en pequeñas mordidas, *pensando en gratitud y disfruta con cada bocado.* Yo soy más de pensar "acabemos esto rápido, el mundo se puede acabar y nos quedaríamos sin postre. Deborah continúa mostrándome que la vida no debe ser tan apurada.

Como veterano de la Policía Victoria en Melbourne Australia, Deborah me ha contado innumerables historias de personas que se apresuran y van manejando de afán, enviando mensajes de texto o simplemente no prestan atención, lo que posteriormente llamará la atención de la policía. Su estilo de vida deprisa y en carreras significa que no hay necesidad de enfocar la atención a estas personas por infracciones de tránsito, sino que se convierten en tarjetas rojas de hecho.

Así pues, se plantea la pregunta ¿Por qué necesitamos una catástrofe en nuestra vida antes de que podamos ver lo que es realmente importante y lo que no merece nuestro tiempo, pensamientos o atención? Deborah y yo pasamos casi veinticuatro horas al día juntos desde el día en que nos casamos. Viajamos por todas partes juntos y tenemos conversaciones grandes, profundas cada día. *Hablamos del mundo que nos rodea mientras nos mantenemos atentos a nuestro entorno positivo y simplemente diciendo No a la negatividad.* Es tan importante que usted mire sus circunstancias actuales, sus alrededores y se haga una pregunta clave:

Si le dieran un ultimátum en el que tuviera sólo dos opciones:

1. *Permanecer en su entorno actual, incluyendo las relaciones que no son saludables*

2. *Tomar una decisión, sin tener en cuenta lo que otros pensaran o dijeran de usted, para dar un salto de fe sabiendo que mucha abundancia, felicidad y longevidad podrían prevalecer.*

¿Cuál escogería?

Aquí es donde su experiencia con un mentor experimentado puede abrir tantas posibilidades para usted. Como solía decir Bob, "esto no es un ensayo general, William, este es un auténtico trato y no te dan una nueva oportunidad". ¿Por qué entonces damos tanto por hecho cuando sabemos que solo tenemos una oportunidad? Es sólo nuestra falta de Conciencia. *La vida debería ser un viaje lleno de experiencias, no una sentencia de Status Quo. (Lo que está destinado a ser).*

Mi sincero consejo y de corazón para usted es que deje de lado esos temores infantiles y supere esas experiencias que equivocadamente etiquetó como errores. Haga el salto. Comprométase a través de la repetición para desarrollar un mayor nivel de conciencia. Recurra a la ayuda de un Mentor/ Entrenador y vea lo que la vida tiene reservado para usted mientras avanza hacia la Maestría.

QUÉ HACER / QUE NO HACER

1. La primera lección importante que se obtiene del fracaso es la experiencia. *¿Ve el fracaso como una experiencia de aprendizaje?*

   _____

   _____

- *Escriba sobre una experiencia que consideró un fracaso. ¿Qué aprendió de ella?*

   _____

   _____

2. *¿Es usted cuidadoso con sus palabras?* Explique.

   Si no es así, haga un compromiso para pensar algo positivo sobre un individuo o una situación antes de abrir la boca. Use una banda elástica púrpura como recordatorio.

   _____

   _____

3. *¿Cuál es una decisión que puede tomar ahora que requiere un salto de fe?* No tiene que ser algo GRANDE, apenas tiene que ser GRANDE para usted. (Podría estar inscribiéndose en una clase nocturna para comenzar en un título universitario; podría estar decidiendo que una relación de negocios o personal ya no sirve a ninguno de los dos. Cualquiera que sea su decisión... decidirá y luego actuara).

   _____

   _____

PALABRAS DE SABIDURÍA

- La experiencia es el mejor maestro.

- Nuestras experiencias son parte de nosotros.

- Somos la suma total de nuestras experiencias.

- Nuestras experiencias son una parte más grande de nosotros mismos aún más que nuestros bienes materiales.

- La mejor sabiduría se obtiene a través de la experiencia.

- La experiencia es el mejor material para construir el carácter y el futuro.

- La mayor recompensa es poder experimentar cada día.

- Usted es un ser Espiritual viviendo una experiencia humana, no un ser humano viviendo una experiencia Espiritual.

"Siempre recuerde, servimos por una causa y no por aplausos. Vivimos nuestra vida para expresar, no para impresionar."

-William Todd

CAPÍTULO Siete

Maestría

Séptimo Nivel de Conciencia -MAESTRIA

La Maestría es el nivel final. Cuando operamos desde un Nivel de Conciencia de Maestría, ya no permitimos que el mundo físico nos controle y empezamos a controlarlo nosotros mismos: permita que sus pensamientos guíen su mundo, haga pequeños cambios y desarrolle las habilidades necesarias para crear hábitos que lo hagan avanzar.

5:20 am, 29 de Septiembre de 2015 Eagle Ranch, Colorado

Estaba en el sueño más profundo mientras visitaba las Montañas Rocosas, cuando el silencio fue perturbado por el sonido de un cartel de El **Mentor en Mí** que cayó de mi mesa de noche del dormitorio. Había sido arrojado de la mesa como si un fuerte viento acabara de soplar desde donde había estado. Después de comprobar si una ventana estaba abierta o si el ventilador de techo había quedado encendido, de repente me di cuenta de que algo espiritual había sucedido. Treinta minutos después, sonó el teléfono... Era mi hermana; papá había muerto.

La última vez que me senté con mi padre había una sensación de saber, sin que se intercambiaran palabras, que este sería el último juego de cartas que tendríamos juntos. Tendría que haberle dejado ganar, pero la mirada que tuvo cuando yo iba ganando, era demasiado valiosa. Cuando terminó el juego, él solo sonrió. *Yo sabía lo que él estaba pensando porque ahora tenía la experiencia de estar avanzado a niveles más altos de conciencia.*

Bob Proctor fue la persona que me dio la habilidad y la confianza para aprender y tener este don de saber. Esta capacidad es palpable. Es algo que la gente que lo rodea puede sentir. Los estudiantes han querido tener este séptimo capítulo, esta última lección llamada Maestría, primero, antes de los otros capítulos. Se imaginan que estas palabras e historias de alguna manera les llevarán al conocimiento más rápido. Pero no hay atajos, no hay pista rápida, sólo existe un viaje. Y no hay dos viajes iguales.

Sin saber, sin entender que todas las cosas y situaciones nos son entregadas como una oportunidad y no como un castigo (que es la verdadera clave de la libertad y la felicidad), usted va a ser empujado de arriba hacia abajo y de nuevo otra vez por el resto de su vida. *Cosas malas le suceden a la gente buena y por lo tanto debemos estar atentos en nuestra conciencia individual; debemos permanecer concientes para aceptar que esas cosas malas tienen un significado profundo y poca explicación.*

Mi padre simplemente había llegado al final de esta parte de su viaje. Por supuesto que lo extraño, él era mi maestro de muchas maneras y era mi amigo. Pero papá el mentor, está dentro de mí y él le está enseñando a usted. Y el mentor en usted continuará llevando cosas que nos mostró a los dos. Incluso ese cartel volando de la mesa era un mensaje; es tan claro: nunca nos vamos antes de transmitir lo que hemos aprendido. *Esta es la importancia de vivir en el momento el más alto nivel de conciencia posible...para que sea manifestada en el individuo la Maestría en SI.*

Comentario Escrito a Mano. Coaching Bob Proctor

Cuando usted sabe y está consciente que sabe, está en armonía con las leyes de Dios. No se requiere ninguna otra prueba...Bob

"La mente es un poder maestro que nos moldea y nos hace. Y el hombre es mente. Y cada vez que él toma la herramienta del pensamiento para dar forma a lo que quiere, trae consigo mil alegrías o mil tristezas. Lo que él piensa en secreto...se llega a dar... El medio ambiente que lo rodea es solo su espejo."

-James Allen

La Serenidad es la Habilidad de Aceptar

No podría decirle el efecto que el último capítulo del libro, *"Como un Hombre Piensa" por James Allen*, ha tenido en mi vida. Es una obra maestra de la sencillez y la serenidad. Tómese un momento para ver si el pasaje de abajo está de acuerdo con usted: incluso si no lo recibe de inmediato, manténgalo cerca. Al leer, pregúntese: ¿Qué significa esto para mí? *Llegará un momento en el que estará muy agradecido de tener sus palabras cerca mientras alcanza la Maestría.*

"La CALMA de la mente es una de las hermosas joyas de la sabiduría, es el resultado de un largo y paciente esfuerzo de autocontrol, su presencia es una indicación de una experiencia madura y de un conocimiento más que ordinario de las leyes y de las operaciones del pensamiento"

El hombre se calma a medida que se entiende como un ser evolucionado, porque tal conocimiento necesita la comprensión de otros como resultado de lo que piensa y mientras desarrolla un entendimiento correcto, ve mejor y más claramente las relaciones internas de las cosas por la acción de causa y efecto, el deja de ser reactivo, de mal humor, deja la preocupación, la aflicción y permanece en pie, firme y sereno.

El hombre tranquilo, habiendo aprendido a gobernarse a sí mismo sabe adaptarse a los demás y ellos, a su vez, reverencian su fuerza espiritual y sienten que pueden aprender de él y confiar en él. Cuanto más tranquilo se vuelve un hombre, mayor es su éxito, su influencia, su poder para el bien. Aún el comerciante común encontrará que su prosperidad de negocios aumenta a medida que va desarrollando un mayor autocontrol y ecuanimidad, pues la gente preferirá tratar con un hombre cuya conducta es fuertemente equilibrada.

El hombre fuerte y sereno siempre es amado y reverenciado. Él es como un árbol que da sombra en una tierra sedienta o una roca que protege en una tormenta, "¿Quién no ama un corazón tranquilo, una vida dulce y balanceada? No importa si llueve o brilla o qué cambios vienen a aquellos que poseen estas bendiciones, porque son siempre dulces, serenos y tranquilos. Es el exquisito equilibrio de carácter que llamamos serenidad, es la última lección de la cultura, es el florecimiento de la vida, el fruto del alma. Es precioso como la sabiduría más deseable que un oro fino... ¡Cuán insignificante es la mera búsqueda de dinero en comparación con una vida serena que habita en el océano de la Verdad, bajo las olas, más allá del alcance de las tempestades, en la Eterna Calma!

¡Cuántas personas conocemos que amargan sus vidas, que arruinan todo lo que es dulce y bello por los temperamentos explosivos, que destruyen su equilibrio de carácter y hacen mala sangre! Es una incógnita. ¿Será que la gran mayoría de las personas arruinan sus vidas y su felicidad por falta de autocontrol? Son muy pocas las personas que encontramos en la vida, bien balanceadas y con ese exquisito equilibrio característico de un... ¡Carácter Bien Definido!

Sí, la humanidad surge con pasión incontrolada, es tumultuosa con un dolor descontrolado, es arrastrada por la ansiedad y la duda... Sólo el hombre sabio, sólo aquel cuyos pensamientos son controlados y purificados, hace que los vientos y las tormentas del alma le obedezcan. Almas apesadumbradas por la tempestad, donde quiera que estéis, en cualquier condición que viváis, sabed esto en el océano de la vida. Islas de la Bienaventuranza están sonriendo y la soleada orilla de su ideal espera su venida. Mantén tu mano firmemente sobre el timón del pensamiento. En la barca de tu alma reclina al Maestro que lo acompaña, Él sólo duerme: despiértalo... El autocontrol es fuerza; El pensamiento correcto es dominio...Maestría; Calma es poder. Di a tu corazón:

"¡Paz, Quédate Quieto!"

-James Allen

Así que aquí está la pregunta:
¿Cómo respondes a situaciones y circunstancias?

En la exitosa película del 2000, Pay it Forward (Compártelo) un profesor de estudios sociales marcado emocional y físicamente, desafía a sus jóvenes estudiantes a diseñar algún tipo de plan filantrópico y ponerlo en práctica. Un joven muchacho de 8 años, cuya propia vida está lejos de ser color rosa, toma la asignación de corazón y adopta una filosofía del pay-it forward. La ciudad entera acoge el concepto del muchacho y los diferentes actos de nobleza se convierten en un pasatiempo de la comunidad. Aunque fue reconocido por amigos, vecinos y los medios de comunicación, el niño sigue luchando en casa con su madre alcohólica. El único que reconoce su lucha solitaria es su maestro. Esta película tenía un mensaje tan poderoso, pero no podía comprenderlo plenamente hasta que empecé a estudiar la poderosa **Ley de Género.**

La Ley de Género rige lo que conocemos como la creación. Esta ley decreta que todas nuestras metas y sueños tienen un período de gestación o incubación antes de que se manifiesten. En otras palabras, cuando elegimos un objetivo o construimos la imagen en nuestra mente, siempre habrá un período definido de tiempo para que la imagen se manifieste en resultados físicos.

Creo que lo más importante que podemos cosechar de la Ley de Género, es que todas las cosas necesitan tiempo para crecer; todas las cosas necesitan tiempo para madurar: todo necesita tiempo para brotar a la existencia.

Mi mentor, Bob, había compartido esto conmigo muchos años antes en uno de sus seminarios. Estaba físicamente presente, pero mentalmente lejano. Demasiado malo para William, porque mientras que subía el Nivel de la Conciencia y comenzaba a enfocarme hacia la **Maestría**, esta lección era fundamental para cada resultado que quería ver. Así es y por cierto, tuve que dejar de castigarme a mí mismo por no haberlo logrado antes; como sugiere La Ley de Género, hay un tiempo para todo. Oímos cuando queremos oír y vemos cuando queremos ver.

Esta ley es verdadera en toda la naturaleza. Las variaciones son relativamente pequeñas hasta que leyes más altas entran en juego y este es tema de otro libro. El punto es que todas las semillas deben germinar antes de brotar. Todas las ideas necesitan tiempo para brotar y crecer. Por lo tanto, todas nuestras esperanzas, sueños y objetivos, requieren tiempo para crecer.

Piense en sus ideas, sus esperanzas, sueños y metas como una semilla. Cuando usted planta una semilla, debe regarla, cuidarla, darle luz y fertilizarla. Si usted se impacienta y comienza a perturbar la tierra antes de que llegue el momento adecuado, encontrará que su semilla (su sueño), que había comenzado a brotar, está siendo alterada. ¿Su recompensa por la impaciencia? Ahora requerirá más tiempo y más cuidado para que la semilla germine, de lo contrario morirá antes de que se manifieste. Sólo podemos adivinar el tiempo que tardará una semilla espiritual en desarrollarse, pero el tiempo que toma a menudo depende de la energía que se le ponga para lograrlo, es decir, que tan decidido está para conseguirlo.

Lo más importante es que usted se mantenga enfocado; que nunca pierda su objetivo (cambie su sueño) o deje de darle energía. Usted recibe una semilla, la toma y la siembra (en su mente subconsciente), entonces la observa, la cuida, dándole agua, luz y fertilizante; (se mantiene enfocado y trabajando en ella), y luego ve cómo crece hasta el día en que puede cosechar sus frutos (o resultados). No podemos saber si vamos a obtener los resultados que queremos, debido a la espera y a no saber; la gente tiende a renunciar y cambiar sus objetivos o dejar de soñar. Pero en la Maestría nunca olvidamos nuestros objetivos cuando no se manifiestan en el tiempo que habíamos estimado; sólo cambiamos el ETA (Estimated time of Arrival) o Tiempo Estimado de Llegada, - no la meta.

> *"Sea como una estampilla, quédese pegado*
> *hasta que alcance su destino".*
>
> *-Bob Proctor*

CAMBIE SUS PENSAMIENTOS
Haga una Mirada Honesta a la Forma de Ver el Mundo

La Maestría es el don de saber que realmente posee todas las facultades necesarias para vivir cada día en un ambiente tranquilo y sereno.

Eche un vistazo honesto a la forma de ver el mundo que le rodea. ¿Hace juicios a la ligera de otras personas con base en su experiencia, prejuicios o celos? Las populares revistas de moda y gurús oscuros de autoayuda le hacen creer que el éxito se refleja en su manera de vestir o las personas con las que se asocia. Por muy importante que sea, lo más importante son nuestros pensamientos.

> *"Debes aprender una nueva forma de pensar antes de que tengas*
> *dominio de una nueva forma de ser".*
>
> *-Marianne Williamson*

CAMBIE SU ACTITUD
El Carácter NO es la Personalidad

Su deseo de convertirse en una persona de carácter, comienza en mantener una actitud de mentalidad positiva sobre toda adversidad. Las personas positivas son simplemente personas más atractivas. Usted puede determinar en su propia mente que comenzará a cultivar los hábitos del buen carácter. Una vez que usted se ha enfocado en la tarea de "practicar", incorpore estos hábitos en su vida cada día. Incluso tomar la decisión de ser una persona de carácter, cosechará recompensas inmediatas en su vida. De repente se encontrará eligiendo hacer las cosas correctas por la sencilla razón de que es lo correcto. Se estará convirtiendo en una persona de carácter que se atreve a alcanzar el nivel de la **Maestría**.

Cada día, está siendo observado por otras personas, así sea conciente o no. Incluso personas a quienes nunca conocerá, están constantemente formándose opiniones de usted. *Los rasgos positivos del carácter se desarrollan, no son algo con lo que usted haya nacido.* Es muy común que la gente piense que no se puede cambiar el carácter que heredó "todo lo que es incorrecto en ellos. *¡Últimas noticias...un buen carácter no se hereda!* Usted debe trabajar en su vida para incorporar los valores o fundamentos; crear estos hábitos a través de la repetición porque tiene que "construir" un buen carácter. Y a pesar de lo que se ve en las películas y en la televisión: no se puede fingir un buen carácter, al menos no por mucho tiempo. *Si va a ser observado y juzgado por la gente durante su día, debe convertirte en una persona de impecable carácter. El primer paso para desarrollar un carácter sólido, es construirlo en los fundamentos más fuertes: humildad, veracidad, honestidad, gracia, compasión, integridad, amor, paz y alegría.*

"Un maestro en el arte de vivir diferencia poco entre su labor o su juego, su trabajo o su descanso, su mente o su cuerpo, su educación o su recreación, su amor o su religión. Él, simplemente sabe cuál es cuál y persigue su visión de la excelencia en lo que hace, dejando a los demás decidir si está trabajando o jugando. El siempre estará haciendo las dos cosas".

-James A. Michener

CAMBIE SU COMPORTAMIENTO
La Abundancia Siempre Está en el Momento

Cuando se cuentan historias de éxito y logros sorprendentes de los mejores deportistas, todas tienen una cosa en común: REPETICIÓN. ¿Quién no fue motivado por la educación de Tiger Woods y la repetición que su padre creó? Repetición que llevó a Tiger todo el camino al número uno en el mundo. Piense en cuántos cubos de pelotas de golf que él y todas las leyendas del golf han pasado, cuántos balones de golf, cuántas bolas golpeó desde la trampa de arena, el putting green, el driving range y todo esto incluso antes de que un torneo de golf PGA fuese jugado y mucho menos antes de ganar. *Qué lección para todos nosotros.*

La maestría sólo es posible cuando verdaderamente se aplican las leyes y principios que se han transmitido de generación en generación. Estos resultados no mienten: Henry Ford, Alexander Bell, la madre Teresa, los Rockefeller, los Carnegies, Angela Merkel, Mariusz Pudzianowsk, Oprah Winfrey, Steve Jobs y la lista sigue. *Estas personas lo consiguieron, no fueron los autores, simplemente aprendieron a aplicar las leyes de disciplina y repetición.*

… Y sin embargo, muchas personas todavía creen que sus deseos, sueños y metas de negocios, relaciones especiales, e incluso su relación con Dios pueden estar exentas de autodisciplina.

Pero nuestros resultados no mienten: pregunte a cualquier cantante, estrella deportiva o profesional médico de talla mundial y le dirán sobre las miles de horas y dólares que se invirtieron en llegar a ser superiores en su campo.

El Autor e investigador, Malcom Gladwell postula que el tiempo necesario para convertirse en un maestro en cualquier cosa es superior a 10.000 horas. Y eso requiere autodisciplina. ¿Realmente desea un futuro abundante y resultados gratificantes? Entonces le sugeriría encarecidamente *que se dirija hacia su Mentor/Entrenador y le haga la siguiente pregunta: "¿Cuál es la acción necesaria, qué trabajo requerirá, qué repeticiones necesitará para alcanzar los resultados que desea?"*

"Carácter es hacer lo correcto cuando nadie está mirando."

-J.C. Watt

MENSAJE DEL MENTOR

Nosotros estaremos Mentoreando a la próxima generación, ya sea que nos demos cuenta de ello o no...

Es mi mayor deseo hacer todo lo que esté a mi alcance, al haber recibido el don del bienestar y compartirlo con la próxima generación, enseñarles estas verdades, estos **Siete Niveles de Conciencia**, para que ellos compartan lo que han encontrado usando la repetición.

*Mi meta declarada es manifestar quince millones de personas que participarán en el **El Mentor en Mí**. Serie de Coaching de 21-días **(Mentor in Me** 21-Day Coaching Series).*

Me propuse esta meta en el Proctor Gallagher Seminario titulado The Matrix en 2015. *Pero esta no es solo Mi Meta. Después de todo, el propósito de **El Mentor en Mi (The Mentor in Me)** es sacar al **El Mentor en Ti (The Mentor in You)**.*

Juntos, con un enfoque inquebrantable y los principios que han sido verdaderos durante muchos años, reconocemos que quince millones es un número muy pequeño.

*¿Qué dice mi Mentor? Bob Proctor usó la calculadora en mi teléfono inteligente para demostrar su punto. Él dijo: "Reduzca a lo ridículo y esto le mostrará lo factible que es." Me mostró que cuando los miles que ya hayan terminado el curso comiencen a enseñar lo que han aprendido, alcanzaría los quince millones fácilmente, es una cuestión sencilla de matemáticas, porque si sólo la mitad de los mentores, mentorean al mayor número posible de discípulos, esto explotará. Por supuesto, cada uno en su debido tiempo, pero hay muchas razones para creer que podemos cambiar quince millones de vidas para mejorar. Y que esos quince millones de personas seguirán mejorando las vidas de los que les rodean con su ejemplo y con un **Mentor despierto en ellos.***

Comentario Escrito a Mano. Coaching Bob Proctor

william fue un estudiante en mi clase maestra de Matrix. Fue allí donde se comprometió a escribir este libro. Él mantuvo su palabra. Él es un buen hombre. Bob.

"El propósito del Mentor es Conducirme; a sacar al Mentor que hay en Mí".

-Bob Proctor

QUÉ HACER / QUÉ NO HACER

1. *¿Qué cualidades admira más en las personas exitosas?* Si necesita ayuda, la siguiente es una lista de algunos de los atributos de individuos altamente exitosos: Determinado | Enfocado | Paciente | Integro | Generoso | Sensato | Apasionado | Seguro de sí mismo | Responsable | Optimista | Piensa Ganar-Ganar | Habilidad de decir No | Maestro Decisivo | Disciplinado |Equilibrio en su vida

   _____

   _____

2. *¿Qué cosa podría hacer para dominar uno de los atributos que más admira en otros?*

   _____

   _____

3. *¿Cuánto tiempo dedica a la perfección de lo que hace?*

   Esto podría incluir leer libros de motivación o escuchar cintas de inspiración; podría tener un entrenador para mantenerle responsable; podría ir de nuevo a la escuela o viajar para ampliar su base de conocimiento y experiencia. Lo que hace cambia con el tiempo, su enfoque principal podría ser convertirse en un gran padre o en una persona más saludable: podría estar cumpliendo sus sueños de poseer su propia empresa. Sea lo que sea, escríbalo aquí. Junto a esto, escriba cuánto tiempo dedica a la perfección. Sea honesto.

   _____

   _____

PALABRAS DE SABIDURÍA

- La maestría es ser el mejor en lo que hace.

- Para el arte de la vida, la energía vibracional es un elemento esencial que tiene que entender.

- El secreto del éxito es la acción constante diaria hacia sus metas. Utilice la repetición como el camino hacia la Maestría.

- La mayor hazaña es dominar la propia mente.

- La Maestría viene de dar algo grande, ese algo puede ser dinero, tiempo o un elogio sincero.

- Cree una alianza de Mentes Maestras con personas de ideas afines, grupos de mentores ofreciendo apoyo a mentes muy necesitadas.

- Nunca la práctica es lo suficiente, -planee ser lo mejor en lo que haga.

"Debes hacer lo que otros no quieren hacer, comprometerte y mantener el rumbo".

-Bob Proctor

He pedido a mi amigo y compañero de este viaje, Marty Jeffery, que escriba el capítulo de cierre. No podría haber pensado en una manera mejor de terminar El Mentor en Mí.   Simplemente no parecía que hubiera algo que yo pudiera decir que fuera apropiado para concluir o terminar este libro cuando es tan evidente para mí que este no es el final, ¡es apenas el comienzo!

Comentario Escrito a Mano. Coaching Bob Proctor

Cuando William me dijo que había traído a Marty Jeffery para ayudarle con la corrección de textos y completar "EL MENTOR EN MI" yo sabía que él estaba conectado con su mentor interior. Todos necesitamos ayuda y él fue donde el mejor... con Marty.   Bob.

CAPÍTULO Ocho

Epílogo

No puede haber un final para este libro porque fue escrito para que todos podamos reconocer y despertar al Mentor en Nosotros mismos. Este es un proceso continuo, generación por generación hasta que el **Creador** decida que está completo. Así que no voy a despedirme, pero puedo decir esto:

William Todd es uno de esos personajes a quienes les encanta bromear, reírse y que se rían de él. Pedirme que escriba el capítulo final en su libro, es como decirle a alguien en una sala redonda que vaya a acostarse en una esquina. Podrías perder tu cabeza tratando de encontrar una manera de terminar un libro que fue escrito con el propósito de introducir un concepto sin fin. Así que, no haré eso, sino que te dejaré unos cuantos recuerdos. Te contaré algunos de los momentos conmovedores que observé por más de un cuarto de siglo viendo a Bob Proctor (El Mentor), su increíble testarudo estudiante (William Todd) y verlos crecer juntos.

2:46 a.m. PDT Los Ángeles Hotel Hilton Oct 17, 1999

Un amigo mutuo y socio de negocios, Michael DiMuccio, me había convencido de dejar mi terror a los terremotos a un lado, no era lo suficientemente importante como para invocar un terremoto, sólo porque viniera a Los Ángeles. Su argumento era convincente. Me di cuenta de que tenía que superar el miedo a los terremotos, así que reservé una habitación en el Hilton de Los Ángeles.

¡Michael estaba equivocado!

Un terremoto de escala 7.0 golpeó el sur de California en las primeras horas de la mañana, derribando un Tren de Pasajeros Amtrak, de sus vías y dañando dos puentes de autopistas. Comenzó con lo que sonaba como pequeños insectos golpeando nuestra ventana del dormitorio del hotel del piso trece. Nos despertó a mí y a mi esposa. "¿Qué es ese sonido?" ella dijo. "Mi querida, ¡es el sonido de un terremoto!" Dije esperando que Dios no lo dijera en serio. Con las palabras apenas fuera de mi boca, nos arrojamos al piso y luego hacia las grandes ventanas de la habitación del hotel. El temblor continuó por lo que parecía una eternidad para un canadiense "pollo de campo" que nació en la mayor y más segura placa tectónica en la tierra... todo era totalmente confuso. En una habitación de hotel, no había mucho en dónde acamparnos, nos aferrábamos mientras nos levantábamos y luego caíamos, nos levantábamos y volvíamos a caer de nuevo. Pensamos que estábamos muriendo. Era como ver una buena comedia con caída tras caída y nada a que aferrarse.

La gente de la localidad no le daba importancia a los terremotos, lo que más les molestaba era tener que cambiar la hora en el VHS o Beta. Tan pronto nosotros habíamos gateado hasta la puerta y los temblores realmente fuertes habían terminado, nos dirigimos al pasillo y bajamos por las escaleras.

Otros, que como nosotros nunca habían estado en un sismo antes, estaban asustados. Había daños en las escaleras, no teníamos idea si lo peor ya había pasado. Cuando finalmente llegamos al vestíbulo del hotel, allí estaba Bob Proctor con su peinado perfecto; estoy bastante seguro de que él había planchado su costosa pijama antes de bajar. Estaba ocupado consolando a un grupo de personas reunidas a su alrededor. El grupo, que incluía al cantante Kenny Rogers, estaba hipnotizado mientras Bob hablaba de su confianza en el orden del Universo y la Ley de Atracción. (Bob puede tener una audiencia y ama hablar; una vez me dijeron que si se despertaba en la noche, porque la puerta del refrigerador se había abierto, se sentiría obligado a dar una charla porque vio luz). No hay palabras para consolar a una persona que experimenta su peor miedo, por lo que no me uní al seminario improvisado de Bob. De hecho, mi esposa y yo establecimos un récord mundial de velocidad terrestre para llegar al aeropuerto de Los Ángeles LAX y tomar el primer vuelo de regreso al Gran Norte Blanco.

Comparto esta historia porque la imagen de Bob tan totalmente en control y lleno de fe, nunca me ha abandonado. Aquí estaba alguien "viviendo su charla" por así decirlo, él estaba más preocupado por ayudar a otros que por su seguridad. El creía en lo que enseñaba (y eso era alentador debido a la proliferación de falsos profetas que estaban ocupando los medios en aquel día).

Desde entonces, mi Vida tomó un Giro, otro de Proporciones Sísmicas

Mi esposa, Kari y yo tuvimos la bendición de tener un niño cuando yo tenía cincuenta y cinco años de edad. ¡No tenía ni idea de que los ancianos todavía se podían reproducir...estoy bromeando! estaba emocionado, era una nueva oportunidad de vivir una correcta paternidad. Esta era la oportunidad de rehacer mi vida. Tengo tres hijos adultos que en ese momento, tenían edades de veinte seis a treinta años. Mi hija de veintiséis ya era madre y créame que fue una de las llamadas telefónicas más raras que habría recibido, el día en que le dije que estaba esperando ese nuevo hermanito que siempre había pedido cuando era niña...*no creo que hubiera sido un mal padre para mis hijos mayores, pero fueron víctimas de mi éxito.*

No tenía un mentor que guiara mi negocio o vida personal. Hice todo por mi cuenta y mi familia sufrió porque yo estaba lejos o demasiado ocupado todo el tiempo. Me pregunto lo que pude haber sido para mis hijos con un poco de honestidad que me enseñara un mentor. Y para que conste, si usted es mayor y planea tener un niño, permítanme como Mentor opinar sobre esto: La gente pensará que su hijo es su nieto, sucede con asombrosa regularidad. En una caminata -con Luca en su cochecito- una mujer (de mi edad) se me acercó y me dijo:

¡Oh, qué chico tan hermoso!, ¿cuál es el nombre de su nieto?

-Declan dije

-¡Hola Declan! -le dije- ¡su nombre es Luca!

-Pero usted acaba de decir que el nombre de su nieto era Declan -dijo con brusquedad-.

-El nombre de mi nieto es Declan; este es mi hijo, Luca.

-Oh ella dijo...Oh Oh Oh. La mirada en su rostro no tiene precio.

Tener a Luca ha volteado mi mundo al revés. He estado diciendo en los podios de todo el mundo que realmente lamentaba no ser un padre mejor y más comprometido con mis tres hijos mayores. Luca fue mi oportunidad de hacer las cosas bien. Kari sufrió de grave depresión post-parto después del nacimiento de Luca así que dejé mi carrera; me paseaba en la noche arrullando, cambié pañales, actué como un verdadero papá. Luca y mi familia sobre mi negocio, era la elección correcta.

Fue genial. No lo era, sin embargo, para los negocios. Excepto por algunas consultorías, fui olvidado por mis compañeros de negocios. Para decir la verdad no fui muy bueno cuando hice el trabajo porque ya no tenía la pasión. Así que me sorprendió cuando William me llamó para que trabajara en consultoría con él y un grupo de líderes de nuestra antigua compañía. El William Todd que yo conocía y este hombre eran dos personas diferentes.

Me di cuenta por las preguntas que me hacía y de la forma en que las hizo, que un gran cambio había ocurrido. Interrumpí la entrevista para hacer una pregunta poco profesional: "¿Qué te pasó, William?" Me dijo que Proctor había realizado un vudú (transformación) en Mentoría en él y que era un hombre nuevo.

Bob Proctor, como yo, somos canadienses. Nunca fuimos amigos como William y Bob, pero Bob y yo tenemos muchos conocidos en común, intereses similares y ambos éramos como Bob dice a menudo, "virtualmente ilesos por la educación formal". Vi silenciosamente el enorme éxito de Bob en esa pequeña película que se convirtió en un fenómeno global, The Secret y lo vi entrevistado en los programas de Ellen y Larry King. Yo escuchaba hablar de Bob de vez en cuando, pero no fue hasta que estuve conectado con William que realmente "entendí" quién era Bob, hasta que en realidad entendí el concepto de Mentoría. Aún no podía conseguir entender en mi cabeza el cambio en William, así que llamé a una serie de conocidos mutuos y todos estuvieron de acuerdo. Ellos dijeron que la Mentoría de Proctor (junto con la nueva esposa de William, un ex policía de Australia) lo había cambiado totalmente.

Si parece un Pato, es un Pato

Como todos sabemos, las cosas cambian, Luca tiene ahora diez años de edad, yo tengo sesenta y cinco años y como solía decir mi madre, "He toreado en varias plazas" estaba listo para un desafío, pero ¿un libro de mentores? ¿Por qué esto?

Trabajo en un programa en mi vida que me enseña a: hacer una pausa, pedir y recordar a mí mismo que Dios está dirigiendo el espectáculo. La razón para esto es porque yo necesitaba ver lo que una tutoría real podría lograr. *Necesitaba comprender el bien, que es inherente a todos nosotros, necesitaba la prueba de que el bien puede convertirse en la fuerza motriz más importante en la vida de una persona. Necesito redescubrir al Mentor en Mí.*

Pero no sólo podía aceptar como realidad lo que alguien "dijera" que era la verdad sin comprobar. Y con William, necesitaba un momento para "enfrentar el terremoto en pijama" un momento antes de que yo creyera totalmente en esta metamorfosis. Y sólo eso recibí. A lo largo de este libro, William se ha sincerado a sí mismo. Ha estado en situaciones muy desagradables, porque así es como crecemos...*de la adversidad nace la grandeza*. Pero mi cabeza seguía diciendo que se trataba del pasado y yo necesitaba ver la madera de este hombre ahora. Mirando hacia atrás y dadas las leyes que nos enseñan en este libro, estaba prácticamente pidiendo algo malo para poder juzgar. Tristemente, finalmente sucedió. Recientemente estuve junto a William y observe como poderes fuera de su control acabaron con su negocio, sus ingresos y la confianza que se construyó a lo largo de veinte años de servicio a un ideal. Hubo muchas llamadas y muchas conversaciones, que casi lo llevan al borde de los viejos comportamientos, pero al final, la Mentoría prevaleció. Se comprometió a ayudar donde podía. Se comprometió a no ser o hacer nada negativo. Volvió su atención a ayudar a otros que también fueron afectados con esta crisis.

A la sociedad le encanta honrar a aquel que llega a la cima solo, pero ahora estoy convencido de que un Mentor es mucho más poderoso al efectuar un cambio significativo, un cambio repetitivo. Ha sido interesante ver a Bob, alimentar a William con los principios necesarios en el momento adecuado. Es inspirador ver que la relación entre Deborah y William se desarrolla y crece. Aquí vemos un individuo (que era previamente incapaz de este tipo de unión) *demostrando realmente el poder de una relación de pareja; El poder del amor*. Ahora antes de que alguien se dirija al Papa con una solicitud para que William sea canonizado todavía hay trabajo que hacer. Pero él ha crecido y este libro con la sabiduría contenida y la manera en que ha manejado los desafíos de la vida, son la evidencia.

Este libro es en muchos sentidos, como una película... como mirar al arquitecto jefe moldear y probar su creación. Sin embargo, la sociedad ha privado a nuestros ancianos y maestros de apoyarnos y aportarnos. Nunca antes habíamos estado tan desconectados y nunca antes habíamos necesitado la sabiduría y la guía de un Mentor para ayudarnos a manejar con éxito los desafíos de la vida.

Tome lo que se ofrece en este libro para su vida, porque sin un banco de sabiduría, su negocio y vida personal sufrirán inevitablemente. Tener la sabiduría de un Mentor es una parte crucial de su crecimiento. Y nosotros, usted y yo nunca acabaremos de crecer porque, *a medida que crecemos, la vida sigue siendo cada vez más plena y mejor.*

Una disciplina final

Recientemente, William y yo visitamos a Bob y Linda Proctor en el estudio de producción de Bob, he trabajado en estaciones de televisión que adorarían tener una instalación como ésta. Es un estudio con los últimos avances en sistemas, Bob tiene más juguetes que incluso el más erudito excéntrico de la tecnología. Aquí, Bob mentorea personas en todo el mundo, uno a uno o en grupos, en eventos abiertos al público y en las salas de chat virtuales.

El Mentor de Bob, Earl Nightingale no podría haber imaginado esta increíble plataforma de enseñanza en el patio trasero de la casa de Bob, donde en algún momento funcionó la bomba de la piscina. Earl estaría encantado de ver a su estudiante llegar a miles de personas cada año y millones a lo largo de toda su vida; Bob lo hace porque tiene que hacerlo. Él no podía dejar de ser mentor, incluso así quisiera esto es lo que significa encontrar su pasión. Estoy seguro de que Bob tiene varios mentores, estoy igualmente seguro de que están comprometidos con este trabajo. Pero creo que Bob le dirá a usted mismo que su hijo favorito, que en un tiempo fue su pupilo más rebelde y una fuente ininterrumpida de asombro es William Todd.

El mejor momento durante toda esa visita para mí, sin embargo, fue cuando me llevó a un lado y dijo con un brillo en sus ojos…"hace cincuenta años un Mentor me dijo…la Disciplina se da cuando nos damos una orden a sí mismos y luego la seguimos. Todo lo que soy y todo lo que usted ve aquí, ha sido debido a esa declaración.

¡Maravilloso!

Sabía que me estaba diciendo de una manera muy amable que volviera a trabajar, para aplicar algo de esa disciplina que me hizo exitoso en el primer lugar…y tenía razón.

Y aquí está lo que le digo como su nuevo amigo: regrese al Capítulo Uno y lea el capítulo siete una y otra vez, tome notas sobre lo que no obtuvo la primera y segunda y tercera vez. Hay citas e historias de algunos de los mejores mentores en la Tierra, sus lecciones son ahora suyas para usar y para transmitir. Como dijo Bob a William, "El propósito del Mentor es conducir al Mentor que hay en Mí".

Marty Jeffery

Sobre el Autor

William Todd es un empresario empírico con más de veinte años de experiencia en la venta directa, las industrias de desarrollo personal y una vida de experiencia en empresas de negocios. William es un protegido de Bob Proctor que fue presentador en la película de fenómeno global El Secreto (The Secret) y es ampliamente considerado como uno de los pioneros y maestros de La Ley de Atracción.

Después de descubrir que los mentores podrían ayudarlo a lograr sus metas en menos tiempo de lo que llevaría a hacer todo por su propia cuenta, William creó un programa de 21 días de coaching para ayudar a las personas de todas las edades y demografía (adultos, jóvenes, ejecutivos corporativos, adultos mayores, padres de familia, jubilados y empresarios como él) a adquirir un mayor nivel de conciencia y mejorar sus resultados en cada área de su vida.

William hace un acercamiento único y eficiente al entrenamiento, ayudando a individuos a abrir su potencial por medio de un proceso de eliminar viejos paradigmas y hábitos. Llegar a nuestro verdadero potencial requiere una fórmula de aprendizaje repetitivo disciplinado, así como se requiere una membresía en el gimnasio, disciplina y entrenamientos repetitivos para una salud física óptima. Después de veinte años de ser mentoreado por una leyenda y después de una vida de éxitos desenfrenados a menudo seguidos por situaciones tristes fracasos, William ha descubierto la clave para esa fórmula. William continúa su misión de inspirar a la gente a descubrir una nueva forma de vida a través del reconocimiento y el mantenimiento de los cinco claves de la salud: Mente Saludable, Cuerpo, Familia, Comunidad y Finanzas.

William ha asesorado personalmente a miles de empresarios, líderes corporativos e individuos de todos los ámbitos de la vida en más de veinte países alrededor del mundo. Es el autor de The Mentor In Me, QUÉ HACER, QUÉ NO HACER. El libro contiene lecciones ofrecidas por su mentor, Bob Proctor y lecciones aprendidas de las experiencias empresariales y personales de William. Destaca una historia que es familiar para la mayoría de la gente, al ser dada una visión y guía increíbles, pero no siempre escogiendo escucharla. El Mentor en Mí sigue el paseo del sube y baja, de qué sucede cuando usted acepta el consejo de un Mentor y las consecuencias cuando no. El libro ofrece una solución para bajar de la montaña rusa.

William encontró a su esposa australiana cuando tomó un salto de fe para superar el miedo a las alturas escalando el puente del puerto en Sydney. Hoy, William y Deborah disfrutan viajando por el mundo y ayudando a la sociedad al patrocinar adolescentes y jóvenes adultos que buscan un mayor nivel de conciencia junto con una mejor manera de convertirse en ciudadanos globales. Dondequiera que viajen, se dirigen, salen y exploran conociendo nuevas culturas y personas. La mayoría de lo que hacen implica tutoría de una forma u otra. Se centran en ayudar a las personas de todas las edades a vivir un estilo de vida similar al que tienen el privilegio de ¡disfrutar!

Bob Proctor

Destacado en el éxito de taquilla, *El Secreto*, Bob Proctor es ampliamente considerado como uno de los maestros vivos y maestros de La Ley de la Atracción y ha trabajado en el área de potencial de la mente durante cerca de cincuenta años. Él es el autor más vendido de "You Were Born Rich", (Naciste Rico) y ha transformado la vida de millones a través de sus libros, seminarios, cursos y entrenamiento personal.

Proctor es un vínculo directo con la ciencia moderna del éxito, que se remonta a Andrew Carnegie, el gran financiero y filántropo. Los secretos de Carnegie inspiraron y entusiasmaron a Napoleón Hill, cuyo libro**, Think and Grow Rich, (Piense y Hágase Rico)** inspiró a su vez un género de libros de filosofía de éxito. Napoleón Hill, a su vez, lo pasó a Earl Nightingale, que desde entonces lo ha colocado en las manos capaces de Bob Proctor. El amplio trabajo de Proctor con empresas e industrias de todo el mundo como **"Quién es Quién"** (Listado de reconocimiento mundial) de algunas de las compañías más destacadas del mundo: Prudential Insurance, Procter and Gamble, Metropolitan Life Insurance, Royal Doulton, United States Steel solo para mencionar unas cuantas.

Ha sido pionero en el trabajo revolucionario en el área de la mente y los paradigmas, lo que llevó al Dr. John Mike a afirmar: "Pasé cuatro años en la escuela de medicina y cinco años en la formación psiquiátrica, que incluyó una beca de dos años en Psiquiatría Infantil y Adolescente y aprendido más a través de Bob Proctor y sus enseñanzas sobre la mente inconsciente o subconsciente que en todos mis años de entrenamiento.

A los 82 años, Proctor da testimonio viviente de su propio y sabio consejo...no necesitamos ir despacio, tenemos que calmarnos. Su empresa, Proctor Gallagher Institute tiene su sede en Phoenix, Arizona y opera en todo el mundo.

Para más información sobre
Bob Proctor
Contacto Gina Hayden
519-927-3200
Gina@proctorgallagher.com
Proctor Gallagher Archive

Proctor Gallagher
INSTITUTE

Marty Jeffery

Marty Jeffery es un veterano de marketing de cuarenta y cinco años de experiencia. Comenzó su carrera como locutor hasta que su núcleo empresarial lo llevó finalmente a dejar la estabilidad de una gran carrera para convertirse en el propietario y editor de varios periódicos y el cofundador de una franquicia a nivel nacional.

Su éxito posterior le dio la oportunidad de trabajar con una gran empresa con sede en Gran Bretaña que estaba introduciendo una nueva tecnología de radiodifusión a los Estados Unidos. Como presidente de una división de la corporación, Marty fue introducido en el mundo de la regulación y el impacto de los lobbies en Washington. Su experiencia empresarial, corporativa y regulatoria fue la materia prima en la que luego se basó para crear estrategias globales y sistemas de capacitación práctica para varias corporaciones de clase mundial. La experiencia corporativa y empresarial de Marty lo preparó para hablar ante grandes audiencias en Norteamérica y Europa. Su sentido del humor y su extensa experiencia empresarial le hicieron sugerir a Bob Proctor que escribiera un libro titulado "Laughing All the Way to the Bank" (Riendo Camino al Banco).

El interés de Marty en William Todd comenzó después de presenciar el cambio profundo que William sufrió mientras que era mentoreado por Bob Proctor. El hecho mismo de que William se convirtió en un gran líder empresarial y autor de un libro sobre Mentoría es una prueba de que la repetición de buenas acciones puede efectivamente cambiar y en algunos casos, crear el carácter de una persona. Y como William le dirá ahora, nada es más importante que un buen carácter. La perspicacia y la experiencia empresarial de Marty contribuyeron en gran medida al Mentor en Mí. Hoy Marty centra sus energías en el diseño estratégico y la comercialización para grupos integrados de la tecnología de vanguardia, mientras que todavía hace mentorias individuales, algunos de los cuales han estado con él durante más de cuarenta años. Marty es el padre de cuatro hijos y vive en Richmond, Columbia Británica con su pareja durante catorce años, Kari y su hijo de diez años, Luca.

Early 2006 — The High Valley Ranch in
Northern California

Flight from Toronto to the U.S

Mentor + Mentee

William & Deborah gifted the custom-made redwood
"PROCTOR STUDIOS" sign from 'The Redwoods National Park'
- Northern California.

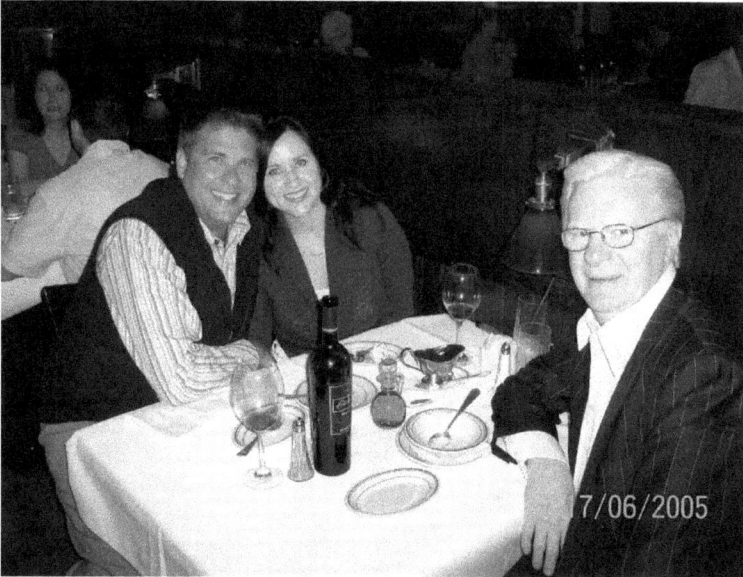

Dinner with Bob - The Grill On The Alley, Beverly Hills

Sorrel River Ranch Resort Leadership Event

Deb Victoria Police

THE MENTOR
IN
ME

To find about Mentoring Programs and Training:
www.thementorinme.com

www.ingramcontent.com/pod-product-compliance
Lightning Source LLC
Chambersburg PA
CBHW060604200326
41521CB00007B/662